Conselho Editorial

Alcino Leite Neto
Ana Lucia Busch
Antônio Manuel Teixeira Mendes
Arthur Nestrovski
Carlos Heitor Cony
Contardo Calligaris
Marcelo Coelho
Marcelo Leite
Otavio Frias Filho
Paula Cesarino Costa

FOLHA
EXPLICA

TOM JOBIM
CACÁ MACHADO

PubliFolha

© 2008 Publifolha – Divisão de Publicações da Empresa Folha da Manhã S.A.

Todos os direitos reservados. Nenhuma parte desta publicação pode ser reproduzida, arquivada ou transmitida de nenhuma forma ou por nenhum meio sem permissão expressa e por escrito da Publifolha – Divisão de Publicações da Empresa Folha da Manhã S.A.

Editor
Arthur Nestrovski

Editor-assistente
Rodrigo Villela

Produção gráfica
Soraia Pauli Scarpa

Assistente de produção gráfica
Mariana Metidieri

Projeto gráfico da coleção
Silvia Ribeiro

Imagens
p. 10 – © Jobim Music/D/R; p. 12 – © Folha Imagem; p. 26 – © Antonio Nery/Jobim Music; p.40 – © Manchete; p. 62 – © Juvenal Pereira/Folha Imagem; p.70 – © Luciana Whitaker/Folha Imagem; p.72 – © Américo Vermelho/Folha Imagem; p. 112 – © Marcelo Tabach

A Publifolha agradece a Paulo Jobim e à Jobim Music pela gentil permissão de uso das imagens.

Revisão
Daniela Utescher Alves e Daniel Bonomo

Editoração eletrônica
Carla Castilho | Estúdio

Dados internacionais de Catalogação na Publicação (CIP)
(Câmara Brasileira do Livro, SP, Brasil)

Machado, Cacá
  Tom Jobim / Cacá Machado. – São Paulo : Publifolha, 2008.
  – (Folha explica; v. 77)

  Bibliografia.
  ISBN 978-85-7402-925-2

  1. Jobim, Tom, 1927-1994 – Crítica e interpretação
2. Música – Brasil – História e crítica 3. Músicos – Brasil
– História e crítica I. Título. II. Série.

08-05061   CDD-927.80981

Índices para catálogo sistemático:
  1. Músicos brasileiros: Apreciação crítica   927.80981

PubliFolha
Divisão de Publicações do Grupo Folha

Al. Barão de Limeira, 401, 6º andar
CEP 01202-001, São Paulo, SP
Tel.: (11) 3224-2186/2187/2197
www.publifolha.com.br

SUMÁRIO

APRESENTAÇÃO 7

1. DA NOITE PARA O DIA:
   CAMINHOS CRUZADOS 13

2. O SAMBA, A PRONTIDÃO E OUTRAS BOSSAS:
   SÃO COISAS NOSSAS 27

3. O FRIO DA AMÉRICA DO NORTE 41

4. MATEIRO 53

5. O CALOR DO RIO DE JANEIRO 63

CRONOLOGIA 71

DISCOGRAFIA 79

BIBLIOGRAFIA 99

*Para as minhas meninas
Lulu e Catarina*

APRESENTAÇÃO

> *Um Nazaré e um Tom dispensam colocação
> didática na história da música brasileira.*
> Carlos Drummond de Andrade[1]

No programa de abertura da série *A Música Segundo Tom Jobim*, de 1984,[2] o próprio Tom dizia que não trataria da história da música popular brasileira com agá maiúsculo, mas da estória com *e* mesmo, "como o Guimarães Rosa escrevia". Seu primeiro convidado foi Radamés Gnatalli, o célebre maestro da Rádio Nacional, mestre e amigo. E Tom lançou logo a primeira pergunta: "Radamés, você conheceu Nazareth?".

Sentado ao piano, Gnatalli diz que sim, comenta um pouco sobre o encontro de 1925 e toca quatro

---
[1] Trecho da crônica "Som Sobre Tom", publicada no jornal *Shopping News* em 10/10/1977.
[2] A série foi dirigida por Nelson Pereira dos Santos, para a TV Manchete.

peças do compositor carioca Ernesto Nazareth (1863-1934). Os dois conversam sobre a riqueza musical e a brasilidade do compositor, e especialmente sobre o seu *Improviso de Concerto*, dedicado a Villa-Lobos. Nazareth criou uma obra pianística singular, no começo do século 20, misturando elementos de nossa música popular urbana e da música erudita européia.[3] Rei dos "tangos" (ou choros, ou maxixes), queria ter sido pianista erudito. Radamés termina sua participação no programa dizendo que, na realidade, também queria ter sido concertista, como Nazareth, mas acabou trabalhando com a música popular. E ataca com seu erudito e complexo choro "Garoto".

As ambições e vocações que transparecem nesse encontro tangem uma questão profunda da música e da cultura brasileira: o popular e o erudito. É impossível explicar Tom Jobim sem tocar nesse tema. Caetano Veloso vai mais longe: "Talvez a combinação de Caymmi com Radamés complete um auto-retrato de Tom: Caymmi sendo o músico popular que melhor ouve os clássicos, e Radamés, o músico de formação erudita que melhor ouve o popular".[4] No final de sua vida, Tom Jobim, de chapéu panamá e charuto, assumia explicitamente a imagem de Villa-Lobos, nosso maior compositor erudito. Mais um elemento para incrementar a complexa rede de pistas que compõem nossa música.

Este livro procura investigar e interpretar sinteticamente alguns desses caminhos que nos levam à obra de Tom Jobim (1927-94). Mais do que acompanhar sua

---

[3] Ver Cacá Machado, *O Enigma do Homem Célebre – Ambição e Vocação de Ernesto Nazareth*. São Paulo: Instituto Moreira Salles, 2007.
[4] *Press release* do CD *Antonio Brasileiro* (1994). Também publicado no caderno especial da *Folha de S.Paulo* sobre a morte de Tom Jobim, em 9/12/1994.

biografia, vamos tecer uma trama de relações. Nesse sentido, o leitor encontrará comentários musicais, literários e históricos articulados entre si. Mas o percurso segue uma cronologia biográfica, dividida em cinco capítulos, cada um centrado num grande tema da obra do compositor.

É preciso afirmar aquilo que se sabe: são incontestáveis a envergadura e influência da obra de Tom Jobim, no Brasil e no mundo. Nunca será demais lembrar que "Garota de Ipanema", por exemplo, faz parte daquele restrito grupo de canções que se tornaram universais e atemporais, patrimônio comum da humanidade. Canções de Jobim foram gravadas por artistas das mais diferentes origens, épocas e estilos: do *jazz* de Stan Getz ao *pop* de Grace Jones; da suavidade original do franco-caribenho Henry Salvador às pasteurizações do estilo *musak*, sucesso nos elevadores; de Sting a Julio Iglesias. Sem falar na recente música eletrônica contemporânea, que "descobriu" em Tom Jobim e na bossa nova elementos para a construção de estilos como o *lounge* e o *trance*.

Vale frisar que a obra de Tom Jobim se realiza num campo em que o erudito e o popular, como o nacional e o estrangeiro, se cruzam sob o signo da permeabilidade. Tudo se passa numa medida rara, em que a densidade e a suavidade se revelam em gestos simples e espontâneos. Lugar, no entanto, que não é isento de conflitos, como veremos nas "estórias" das páginas que se seguem.

Tom Jobim no Rio, início da década de 1960.

1958

1. DA NOITE PARA O DIA: CAMINHOS CRUZADOS

ais um jovem compositor popular: chama-se Antonio Carlos Jobim e, além de compositor de sambas, é um excelente improvisador. A maioria, aliás, de suas produções nasce desses passeios sem rumo certo pelo teclado do piano, que também toca muito bem, enchendo lugares que costuma freqüentar de muita vibração e muito ritmo. Vive em Copacabana e já é um nome popular. Os rapazes trauteiam as suas melodias e o cantor Lúcio Alves espera gravar um dos seus sambas.

Foi assim que surgiu a primeira nota sobre Tom Jobim na imprensa carioca, publicada em 22 de agosto de 1952, no periódico *A Noite*. Num país onde compositores brotam por todos os lados – cabe lembrar que a década de 1950 já tinha visto variadas safras de compositores populares, de Sinhô a Ary Barroso, passando por Noel Rosa, Ismael Silva, Wilson Batista e Geraldo Pereira, sem falar em Dorival Caymmi, Luiz Gonzaga e Lupicínio Rodrigues –, nada mais natural que o jovem talentoso músico fosse descrito como "mais um", no meio de tantos. A nota qualifica Jobim como "compositor de sambas": portanto brasileiro, herdeiro da grande tradição da música popular urbana. Entretanto, o que o singulariza é a sua capacidade de improvisar melodias em "passeios sem rumo certo pelo teclado", o que faz pensar na improvisação, que caracteriza genericamente o *jazz* norte-americano.

Parece que Tom Jobim estava fadado desde o início a carregar aquilo que, em determinados contextos, como veremos, se tornaria um estigma: "a influência do *jazz*". Mas nesse momento, bem no começo da carreira, o *jazz* estava fora da questão: "O culpado é o Mário de Andrade. Ele disse: façam música brasileira. Nós éramos estudantes de música, todos comunistas e líamos Mário. O pedido dele foi atendido. Eu tive uma formação misturada. Dois departamentos: a professora de piano, Chopin, Mozart, Bach, Stravinsky, Debussy, de um lado da rua; Ary Barroso, Pixinguinha, Caymmi, Noel, de outro", diria Tom, décadas mais tarde, em entrevista à *Folha de S.Paulo*.[5]

Em 1952, Antonio Carlos Jobim era um pianista da noite. Vivia no "cubo das trevas", como definiu sua atividade de instrumentista itinerante nos ambientes fechados e esfumaçados dos bares de Copacabana. Tocava rumbas, *foxes*, tangos, canções francesas, *hits* do momento e, sobretudo, boleros e sambas-canção – raramente um samba. Nos anos 50, os ritmos "latinos", em geral, e o bolero, em particular, encontraram ressonância e aceitação do público boêmio, imprimindo uma atmosfera marcada pelo romantismo algo trágico e intimista, fosse

---

[5] Rodrigo Barbosa, "Para Jobim, Brasil Tem Mania de Miséria". *Folha de S.Paulo*, 10/10/1991.

na execução dos próprios boleros, em versão para o português, ou ainda na assimilação de seu estilo interpretativo. A entrada do bolero na cultura musical brasileira e mundial explica-se, em boa parte, pelo fato de ter sido o primeiro gênero exportado pelas grandes fábricas de discos internacionais. Foi o modo abolerado de se tocar os nossos sambas mais lentos, mais passionais, aqueles sambas "de meio de ano", não endereçados ao carnaval, que acabou sendo identificado como o gênero "samba-canção".

Mas vale lembrar que a pioneira indústria do disco e do rádio dos anos 30 e 40 já tinha fixado em nossa cultura o gosto pela música nacional – quer dizer, pelo samba. A expansão dessa indústria se deu íntima e simultaneamente com o fenômeno do carnaval de rua. O que se viu, aliás, desde a primeira década do século 20 até essa época, batizada de "época de ouro" da MPB, foram as transformações do samba, de sua origem negra e segregada, rumo à ocupação do lugar emblemático – entre malandro e apologético – do Brasil. Foi nesse contexto que surgiu aquela tradição de compositores de música popular urbana de que falamos acima.

A consolidação nacional da música popular brasileira ganhou sua expressão internacional na figura de Carmen Miranda (1909-55), lançada para o mundo pelo cinema norte-americano como um ícone tropical latino, misturando sambas com maracas dentro de um visual recheado de bananas e abacaxis. Diferentemente de Carmen, Tom Jobim viajaria duas décadas mais tarde aos EUA, com menos "garra", e relutaria um bocado para se encaixar no rigoroso sistema de produção norte-americano.[6] Reclamaria da vida no estrangeiro,

---

[6] Ver Lorenzo Mammì, "Canção do Exílio". Em: L. Mammì, A. Nestrovski e L. Tatit, *Três Canções de Tom Jobim*. São Paulo: CosacNaify, 2004.

do frio e das versões em língua inglesa de suas canções: "As letras que botaram nas minhas músicas são lastimáveis! Falam de *coffee and bananas*... As minhas melhores canções não mereciam letras tão ruins".[7]

ARRANJADOR E COMPOSITOR

Na primeira oportunidade, Tom tentou trocar a noite pelo dia. Ainda em 1952, conseguiu um trabalho na gravadora Continental: transcrevia para a pauta as melodias que traziam os compositores "intuitivos", incluindo batucadas com caixinha de fósforos. Assumia também a função de assistente de Radamés Gnatalli (1906-88), arranjador-mor da Continental e um ídolo aos olhos de Tom, que a convivência do trabalho transformou em mestre e amigo.

Principiava então a carreira de Tom arranjador. Em 1955, Radamés levou o jovem Jobim para reger uma peça sinfônica de sua autoria, "Lenda",[8] no prestigiado programa *Quando os Maestros se Encontram*, da Rádio Nacional. Era uma forma de anunciar que mais um maestro adentrava o mercado. Foi a partir desse ano que começaram a constar dos rótulos das bolachas os dizeres: "Acompanhamento de Antonio Carlos Jobim e sua orquestra".

"Lenda" foi a primeira composição sinfônica do maestro Tom Jobim. Peça em dois movimentos, já contém uma das principais características do que mais tarde será conhecido como o estilo jobiniano: construção de expressivas linhas melódicas, carregadas de lirismo e

---

[7] *Cancioneiro Jobim*. Rio de Janeiro: Jobim Music, 2004. 2ª ed., vol. 2, p. 33.
[8] "Lenda" nunca foi gravada em disco de carreira por Jobim. Recentemente foi incluída no DVD *Jobim Sinfônico* (Biscoito Fino, 2004).

potencial narrativo, a partir de motivos simples e diretos. Mas o que mais chama atenção nessa peça é o ritmo de baião que aflora no segundo movimento. Aí Tom criou um motivo rítmico-melódico que o acompanharia ao longo de toda sua obra, de modo recorrente e com diversas inflexões – ora sinfônica, ora camerística/popular. Flagramos a essência desse motivo no movimento da "Chegada dos Candangos" da *Sinfonia da Alvorada* (1960) ou nas canções "Matita Perê" (1973), "O Boto" (1975), "Quebra-Pedra/Stone Flower" (1982), em parte de "Gabriela" (1983) e em "Pato Preto" (1989).[9]

Enquanto "Lenda" trazia à tona sua formação erudita, lastreada no repertório pianístico clássico-romântico (Beethoven, Chopin, Debussy), o outro lado, o da música popular urbana brasileira, aparecia em suas primeiras canções – não exatamente como sambas, como queria o jornalista de *A Noite*, mas como sambas-canção. Em abril de 1953, a gravadora Sinter lançou "Incerteza", interpretada por Mauricy Moura, parceria do jovem Jobim com seu amigo e também pianista Newton Mendonça. Ainda nesse ano, foram lançadas pela mesma gravadora as canções "Pensando em Você", composição só de Tom, e "Faz Uma Semana", parceria com seu amigo Juca Stockler, ambas interpretadas por Ernani Filho e arranjadas por Lyrio Panicalli.

Mas foi no ano seguinte que Tom encontrou intérpretes mais adequados às suas canções, registradas pela Continental, a empresa em que trabalhava: Nora

---

[9] O maestro reutilizou uma mesma frase musical, que aparece no segundo movimento de "Lenda", em "Quebra-Pedra/Stone Flower" e na parte instrumental cantada pelo coro no final de "Pato Preto" (com uma pequena alteração no fim). É uma frase descendente escrita numa escala modal (mixolídia) característica da música nordestina – a mesma que Luiz Gonzaga utiliza, por exemplo, na ponte instrumental de "Asa Branca".

Ney gravou "Solidão" (parceria com Alcides Fernandes) e Dick Farney – esse sim o intérprete sob medida – gravou "Outra Vez".

Farney se diferenciava dos cantores da época principalmente pela paixão que dedicava ao *jazz*. Cantava como um *crooner* de uma banda de *swing* – voz aveludada e econômica na ornamentação, ao estilo de Bing Crosby e Frank Sinatra. Lançou-se, em 1946, com "Copacabana", samba-canção de Alberto Ribeiro e João de Barro. No mesmo ano, tentou carreira nos EUA, ao contrário do que se esperaria de um cantor recém-lançado em seu país. Mas voltou no final dos anos 40, tornando-se uma espécie de embaixador do *jazz* no Rio de Janeiro. Os fãs de Dick Farney seguiam sua linha *low profile*, em contraponto à histeria das "macacas de auditório", que a cultura das cantoras do rádio da geração de Carmen Miranda havia criado. Reuniam-se em seu próprio clube – o Sinatra-Farney Fan Club –, cujo principal fornecedor de repertório norte-americano era o próprio homenageado.[10]

O modo conciso e ao mesmo tempo despojado de cantar de Dick Farney, mais próximo do tom confessional do que da grandiloqüência dramática da cultura do bolero, parecia se afinar com o desenho das melodias e harmonias que o jovem Jobim andava criando – simples e diretas em suas idéias motívicas, sem deixar de se aventurar por um caminho acidentado, cromático.

Nesse sentido, a canção "Outra Vez" (1954) é exemplar. A melodia da primeira parte é simples e despretensiosa: um motivo de três notas, com resolução descendente, caminha em movimento ascendente pela

---

[10] Ver o capítulo "Os Sons Que Saíam do Porão" em: Ruy Castro, *Chega de Saudade: a História e as Histórias da Bossa Nova*. São Paulo: Companhia das Letras, 1990.

escala da tonalidade de ré maior, mantendo a mesma estrutura rítmica, até chegar ao ponto em que volta para o lugar de partida. A volta é cromática, ao contrário da subida diatônica. Pois é justamente essa volta cromática que imprime incerteza no caminho rumo ao ponto de repouso – movimento sutil, sugestões de pequenas suspensões que a harmonia acompanha numa seqüência de acordes também cromáticos. Na verdade, "Outra Vez" é uma canção que não deve nada ao estilo que depois seria considerado como bossa-novista. Tanto é que Elizete Cardoso a gravou no LP *Canção do Amor Demais*, de 1958, marco zero da bossa nova, e João Gilberto no LP *O Amor, o Sorriso e a Flor*, de 1960 – ambos arranjados pelo maestro Antonio Carlos Jobim.

Mas foi o sucesso de "Teresa da Praia" que revelou definitivamente ao grande público o compositor Tom Jobim. A canção, parceria com Billy Blanco, foi uma encomenda da Continental para amenizar a rivalidade, que os fãs juravam existir, entre as estrelas do seu *casting*: Dick Farney e Lúcio Alves. Em 1954 saiu a gravação desse samba-canção, interpretado de modo descontraído e despojado. A letra se baseava num diálogo que acolhia ironicamente a disputa entre os dois cantores pela tal "Teresa da Praia". Ao contrário da tradição dos arranjos orquestrais mais pesados e ornamentais (com cordas e metais), "Teresa da Praia" foi gravada com instrumentação de banda: a seção rítmica resume-se à condução sincopada da vassourinha na caixa clara, enquanto que um acordeom e uma guitarra passeiam livremente, entre os espaços da harmonia do piano e da linha melódica das vozes, desenhando comentários musicais que incorporam a mesma atmosfera desenvolta da interpretação vocal.

Foi por isso, talvez, que já se enxergou na gravação um registro bossa-novístico *avant la lettre*. É possível, o que não chega a fazer de "Teresa da Praia" o elo perdido entre a antiga e a moderna música popular urbana brasileira, como outros quiseram acreditar.[11] Na época, o arranjador Jobim já escrevia para formações diversas, com variadas inflexões: mais aboleradas e dramáticas, como nas gravações da cantora Juanita Cavalcante do bolero "Gentil Senhorita", ou mais sinfônicas, como "Lenda". Era um arranjador disponível às necessidades do mercado.

A partir de 1956, Jobim já desfrutava de certo prestígio no meio musical como compositor e figurava na elite como arranjador. Prova disso era a eleição dos melhores arranjadores de 1955: 1º lugar – Radamés Gnatalli e Lírio Panicalli; 2º lugar – Antonio Carlos Jobim, Pixinguinha e Renato de Oliveira; 3º lugar – Carioca e Guerra Peixe; e 4º lugar – Lindolfo Gaya, Severino Filho, Mozart Brandão, Luiz Paes Arruda, Cipó e Severino Araújo.[12] Tom trocou a Continental pela Odeon, onde assumiria a função de diretor artístico até a chegada de Aloysio de Oliveira, e ainda em 1956 encontraria Vinicius de Moraes (1913-80), o que seria decisivo para a vida de ambos.

A CANÇÃO QUER SER SINFONIA E A SINFONIA QUER SER CANÇÃO

Ao contrário da maioria dos compositores populares de sua geração, Tom trazia na bagagem a experiência do

---

[11] Ver a seção "Influência do *Jazz*", no capítulo 2, p. 33.
[12] Sérgio Cabral, *Antonio Carlos Jobim – Uma Biografia*. Rio de Janeiro: Lumiar, 1997; p. 96.

músico arranjador. Talvez isso tenha sido determinante nos projetos inaugurais em que se envolveu: *Sinfonia do Rio de Janeiro* (1954) e *Orfeu da Conceição* (1956). O que vemos nesses e noutros projetos, como *Brasília – Sinfonia da Alvorada* (1960) ou os discos *Canção do Amor Demais* (1958), *Matita Perê* (1973) e *Urubu* (1975), é uma música *instrumental*, de acabamento sofisticado e que, entrelaçando o erudito e o popular, parece também acomodar-se à forma da *canção*. Em Tom Jobim, "a canção quer ser sinfonia, mas a sinfonia quer, ainda mais, ser canção",[13] como formulou com precisão poética José Miguel Wisnik. Não é por acaso que o registro das partituras definitivas de sua obra completa foi batizado como *Cancioneiro Jobim* (2000).[14]

Orfeu da Conceição

Vários momentos exemplificam essa observação, mas é em *Orfeu da Conceição*, parceria com Vinicius de Moraes, que se pode ver, ao mesmo tempo, a gênese e o acabamento mais maduro da música a serviço da palavra cantada – tanto em suas inflexões mais intimistas como em suas ambições mais sinfônicas. Aí se achou o saber-fazer da forma canção, que a dupla desenvolveria depois com aquela *aparente* naturalidade sem esforço já identificada, por Luiz Tatit, como característica do cancionista popular.[15]

Tom tinha clareza quanto à especificidade desse processo de composição de canções, como demonstrou no texto escrito para o programa de *Orfeu da Conceição*: "Apesar da música ter sido feita com o

---

[13] "A Sinfonia Que Quer Ser Canção". *Folha de S. Paulo*, 9/12/1994.
[14] Rio de Janeiro: Jobim Music/Casa da Palavra, 2000.
[15] Ver *O Cancionista*. São Paulo: Edusp, 1996.

espírito de servir o texto, lembremo-nos de que Orfeu era essencialmente um músico, e que em certos momentos a sua criação (como no caso dos sambas) deve ter, mesmo servindo ao texto, um sentido próprio, 'ser uma coisa em si'".[16] "No início", conta ele, "havia uma certa timidez [...] Fizemos três sambas horríveis, num desajustamento total. Mas Vinicius, pacientemente, queria que fôssemos trabalhando até sair alguma coisa direita".[17] Dois anos depois, em 1958, Tom e Vinicius, já íntimos, compunham sem esforço: "'Eu Não Existo Sem Você' fiz na cozinha da rua Nascimento Silva, 107. De repente, uma da manhã levantei da cama, fui fritar um ovo. E fazendo o ovo: 'E todo grande amor só é bem grande se for triste'. E em cinco minutos estava pronta. O Vinicius botou uma letra em dez minutos".

Ao contrário da *Sinfonia do Rio de Janeiro*, nascida de um convite de Billy Blanco, que queria exaltar a cidade maravilhosa num padrão já conhecido, *Orfeu da Conceição* revelou-se um projeto original. Surgiu da concepção de Vinicius de Moraes, um poeta moderno, que foi buscar num mito clássico, Orfeu e Eurídice, o mote para a construção de uma história de amor nos morros cariocas da década de 1950. Só isso já demonstra a ambição do projeto.

Em *Orfeu da Conceição*, a escrita orquestral de Jobim está claramente desenhada para ligar as canções. Quem conta a história são as canções de Tom e Vinicius. Talvez seja por isso que a característica do jovem compositor, de escrever longas melodias carregadas de potencial narrativo (ou de "experiência", como

---

[16] *Cancioneiro Jobim*, vol.1; p. 24.
[17] Sérgio Cabral, op. cit; p. 103.

prefere chamar Luiz Tatit) tenha se encaixado tão bem com as letras do poeta. E o mesmo se pode dizer sobre o encaixe perfeito das letras nas melodias.

Em "Se Todos Fossem Iguais a Você", por exemplo, a melodia que se segue à introdução, como observou Lorenzo Mammì,[18] é uma estrutura móvel, construída a partir de um motivo com três notas que flui livremente, como num "passeio sem rumo certo pelo teclado do piano". Noutras palavras, o que se vê nessa canção é a criação de grandes espacialidades sonoras, desenvolvidas a partir da repetição de um mesmo motivo mínimo. Para a construção da letra, Vinicius foi direto ao ponto: a utopia de um lugar onde a felicidade se espalharia, disseminando diferentes doses de si ("uma canção pelo ar"/ "uma cidade a cantar"// "existiria a verdade"), se todos fossem iguais ao ser amado – que, agora, também é cada um de nós, cada "você" que escuta a canção. A singularidade da música de Tom e a originalidade solar da letra de Vinicius (numa época em que, como vimos, as tragédias passionais dos sambas-canção eram a tônica) fizeram de "Se Todos Fossem Iguais a Você" um clássico instantâneo do nosso cancioneiro.[19]

Canção do Amor Demais

O projeto seguinte da dupla foi, como sabemos, o LP *Canção do Amor Demais*, de Elizete Cardoso, lançado em 1958 pelo selo Festa. Aí as canções ganharam arranjos com uma instrumentação pouco usual na música popular: trompa, fagote, oboé, clarone e

---

[18] Lorenzo Mammì, "Prefácio". Em: *Cancioneiro Jobim*, pp. 13-18.
[19] Já em "A Felicidade", canção composta para o filme *Orphée Noir* de Marcel Camus (que o diretor francês criou inspirado em *Orfeu da Conceição*), a música parece contestar de dentro o que a poesia diz ("tristeza não tem fim/ felicidade sim") e é isso que dá o tom ambivalente riquíssimo da canção.

harpa, que se somavam a piano, flauta, trombone e violoncelo. Tom criou uma sonoridade camerística com soluções timbrísticas originais e delicadas, servindo de cama para a voz de Elizete – cantora com a dicção e a espontaneidade da música popular, mesmo num contexto que flertava com o ambiente da música erudita de câmara.

Nesse disco, os limites dos tradicionais campos das chamadas músicas *erudita* e *popular* se tocaram, não como desejo e recalque, mas como um ponto de fricção espontâneo e orgânico, em que a *canção* e a *sinfonia*, entendidas como o popular e o erudito, pareciam criar o espaço para uma "dialética positiva", lugar onde a ambição e a vocação não se anulam. A grandeza da música brasileira não se faz da existência de uma música nacional "pura", tampouco de gêneros estritamente populares, mas da aptidão de adaptar técnicas e estilos das mais diferentes origens.

Faltou falar de João Gilberto: nas faixas "Chega de Saudade" e "Outra Vez", do LP *Canção do Amor Demais*, João gravou pela primeira vez a "batida" da bossa nova. O encontro de Tom, Vinicius e João foi decisivo para a cristalização de uma sonoridade absolutamente original da música urbana brasileira.

Vinicius de Moraes, Tom Jobim e João Gilberto, no histórico show no Au Bon Gourmet (1962).

2. O SAMBA, A PRONTIDÃO E OUTRAS BOSSAS: SÃO COISAS NOSSAS

João Gilberto é um baiano, "bossa nova" de 26 anos. Em pouquíssimo tempo, influenciou toda uma geração de arranjadores, guitarristas, músicos e cantores. Nossa maior preocupação neste *long-playing* foi que Joãozinho não fosse atrapalhado por arranjos que tirassem sua liberdade, sua natural agilidade, sua maneira pessoal e intransferível de ser, em suma, sua espontaneidade. Nos arranjos contidos neste *long-playing* Joãozinho participou ativamente; seus palpites, suas idéias, estão todos aí. Quando João Gilberto se acompanha, o violão é ele. Quando a orquestra o acompanha, a orquestra também é ele. João Gilberto não subestima a sensibilidade do povo.

Ele acredita que há sempre lugar para uma coisa nova, diferente e pura que – embora à primeira vista não pareça – pode se tornar, como dizem na linguagem especializada: altamente comercial. Porque o povo compreende o amor, as notas, a simplicidade e a sinceridade. Eu acredito em João Gilberto, porque ele é simples, sincero e extraordinariamente musical.

P.S.: Caymmi também acha.

Foi assim que Antonio Carlos Jobim apresentou João Gilberto na contracapa de *Chega de Saudade*, LP de estréia do cantor baiano lançado em 1959. Nota-se que o *post-scriptum* indicava a legitimação de outro baiano, Dorival Caymmi, artista que acabou assumindo no Brasil a posição de uma espécie de pai da canção popular em seu sentido mais profundo e misterioso: suas canções se diluem em nossa memória como se fossem de todos nós, criações de uma memória coletiva. Sob a prosa despojada e carinhosa de Tom, existia a consciência e a certeza da originalidade desse disco. E também de sua filiação – profundamente brasileira.

Tom assumiu a direção musical, o piano e os arranjos na maioria das faixas desse e dos dois LPs seguintes do cantor: *O Amor, o Sorriso e a Flor* (1960) e *João Gilberto* (1961). Em seu livro sobre João Gilberto, Walter Garcia vai ao xis do problema:

> *O que é que o baiano tem* para tamanha importância lhe ser atribuída tão cedo, no lançamento do seu primeiro LP, e somente aumentar nas décadas seguintes? *O ritmo*. [...] Ao final dos anos 50, é claro, esta não é a única novidade apresentada por João. De novo há o seu jeito balançado de cantar baixinho, as suas harmonias dissonantes, os arranjos despojados, o seu repertório que mescla uma jovem safra de compositores cariocas com velhos sambas já bastantes esquecidos e também o seu acompanhamento rítmico ao violão, depois conhecido como *a batida bossa nova*.[20]

---

[20] *Bim Bom: a Contradição Sem Conflitos*. São Paulo: Paz e Terra, 1999; p. 18.

O que João Gilberto fez foi esvaziar e estilizar a síncope do samba em sua batida de violão. E Tom fez algo parecido nos arranjos de seus discos. Não existe a presença do contrabaixo nas gravações – são os bordões do violão de João que criam a regularidade das acentuações dos tempos fortes. A bateria toca a caixa no contratempo, sem bumbo, junto com a condução sincopada da vassourinha. O piano entra em momentos escolhidos a dedo, literalmente, com acentuações rítmicas precisas ou realçando dissonâncias estruturais da condução harmônica, mas nunca, diga-se de passagem, como efeito ornamental. A interferência orquestral está presente nas madeiras, principalmente flautas, e nos metais, tocados suavemente (trompas, trombones e às vezes saxofone); na seção das cordas destacam-se as frases dos violinos, que em seus contracantos criam profundidade e espaço. Em suma, tudo orbita em torno do violão de João, com o máximo de fluidez e organicidade.

Esse som era realmente novo e tinha bossa. E revelou-se "altamente comercial", preocupação que Tom explicitara na apresentação do LP. João Gilberto foi a fagulha que faltava para o estopim da bossa nova, segundo o próprio Tom: "Eu tinha uma série de sambas-canção de parceria com [Newton] Mendonça, mas a chegada de João abriu novas perspectivas: o ritmo que João trouxe. A parte instrumental – harmônica e melódica – essa já estava mais ou menos estabelecida".[21]

Entre 1958 e 1961, Tom Jobim produziu a maioria de suas canções clássicas, que ficariam identificadas como bossa nova: "Chega de Saudade" (com Vinicius de Moraes, 1958), "Desafinado" (com Newton Mendonça, 1958), "Esse Seu Olhar" (1958), "A Felicidade"

---

[21] Apud Walter Garcia, op. cit.; p. 20.

(com Vinicius de Moraes, 1959), "Eu Sei Que Vou te Amar" (com Vinicius de Moraes, 1959), "Samba de Uma Nota Só" (com Newton Mendonça, 1960), "Meditação" (com Newton Mendonça, 1960), "Corcovado" (1960), "Insensatez" (com Vinicius de Moraes, 1961), "Água de Beber" (com Vinicius de Moraes, 1961) e "Garota de Ipanema" (com Vinicius de Moraes, 1961). Eis as mais emblemáticas – a lista, é claro, estende-se cancioneiro afora.

Com Vinicius, o poeta moderno que aos poucos migrou da poesia escrita para a poesia cantada, Tom criou canções elegantes e sofisticadas que abriram um diálogo com a grande poesia modernista de sua geração – João Cabral de Melo Neto, Carlos Drummond de Andrade, Manuel Bandeira, Cecília Meireles. Com o também pianista Newton Mendonça, seu amigo de infância e adolescência musical, Tom compôs sobretudo canções irônicas, paródicas ou metalingüísticas, como as canções-manifesto "Desafinado" e "Samba de Uma Nota Só". A bossa nova de Tom, Vinicius, João Gilberto e Mendonça descortinou uma área de *permeabilidade* inédita na cultura brasileira: sob a forma da canção popular urbana de sucesso, criou-se uma arte ao mesmo tempo "popular" e "sofisticada".[22]

O projeto de modernização do Brasil de Juscelino Kubitschek, no final dos anos 50, tinha a bossa nova como trilha sonora. JK, o "presidente bossa nova", soube capitalizar tudo de bom que o país produzia nas áreas das artes e dos esportes (o Brasil começava então a fixar sua imagem de país do futebol), moldando uma identidade nacional em que a *soft evasive mist* da bossa

---

[22] Sobre o tema da permeabilidade, ver o ensaio de José Miguel Wisnik, "A Gaia Ciência. Literatura e Música Popular no Brasil" [1994], em: *Sem Receita – Ensaios e Canções* (São Paulo: Publifolha, 2004); pp. 215-39.

nova,[23] os dribles de Garrincha e Pelé e o perfil empreendedor da política nacional pareciam fazer parte da mesma jogada. Por outro lado, esse período representou um momento de utopia de modernização conduzida por intelectuais e artistas progressistas e criativos, cujo símbolo maior foi a construção de Brasília, projetada por Lúcio Costa e Oscar Niemeyer – com música de inauguração encomendada à dupla Tom e Vinicius: *Sinfonia da Alvorada*.

O desdobramento mais próximo da bossa nova pode ser identificado na efervescência cultural e política da segunda metade da década de 1960. Ao mesmo tempo popular e sofisticada, essa música forneceu parte dos elementos musicais e poéticos para os movimentos artísticos do período, quando as oposições dualistas entre democracia e ditadura militar, modernização e atraso, desenvolvimento e miséria, passado arcaico colonizado e processo moderno de industrialização e "raízes" culturais *versus* cultura de massas internacional passaram a ser compreendidas como integrantes de uma lógica contraditória e paradoxal, sobretudo pelos artistas e intelectuais que criaram a Tropicália.

É nesse sentido, pensando de modo amplo em seus desdobramentos, que se pode dizer da bossa nova que ela abriu uma área de permeabilidade cultural inédita no Brasil. E para Tom Jobim tudo isso ganhou um sentido particular. O trânsito entre o popular e o erudito, a sinfonia e a canção ou o samba e o *jazz*, por exemplo, nunca foi problema para ele.

Tom criou um gênero musical e ajudou a internacionalizá-lo, como veremos, de modo absolutamen-

---

[23] A "vaga névoa suave" aparece na letra de "Bonita" (1964).

te pessoal e profundamente brasileiro, ao contrário de outros músicos bossa-novistas como Sérgio Mendes ou Eumir Deodato, que fixaram residência definitiva nos EUA. Mas a bossa nova, e mais especificamente a figura de Tom Jobim, seria acusada por parte da crítica nacional de não ser genuinamente brasileira. A reação do compositor ao pensamento dessa crítica mais conservadora (e ao conservadorismo generalizado do regime militar pós-1964) manifestou-se de modo irônico, numa verdadeira antologia de tiradas sobre o tema: "O inimigo do brasileiro parece que é o brasileiro mesmo";[24] "A gente faz uma batidinha de bossa nova; no dia que os americanos copiam, você é imediatamente acusado de os americanos já terem feito aquela batida";[25] ou aquela famosa *boutade* que lhe foi atribuída, cuja autoria Tom nunca assumiu ou negou completamente: "a melhor saída para o músico brasileiro é o Galeão".

INFLUÊNCIA DO JAZZ

Em seu número de 15 de janeiro de 1929, a revista *Phonoarte* publicou a seguinte crítica sobre a gravação de "Carinhoso", choro-canção de Pixinguinha, interpretado pela "Orquestra típica Pixinguinha-Donga": "Parece que o nosso popular compositor anda sendo influenciado pelos ritmos e melodias do *jazz*. É o que temos notado desde algum tempo e mais uma vez neste seu choro, cuja introdução é um verdadeiro *fox-troat*

---

[24] Walter Silva, "Tom Jobim – A Última Entrevista e Fotos do Maestro". Em: *Revista Qualis*. Rio de Janeiro, 30/11/1994; p. 36.
[25] *Cancioneiro Jobim*, op. cit., vol 2; p. 31.

[sic] e que, no seu decorrer, apresenta combinações de música popular *yankee*. Não nos agradou".

Como se vê, muito antes de Carlos Lyra compor "Influência do *Jazz*" na década de 1960, ironizando em samba-bossa-salsa a suposta má influência do ritmo norte-americano sobre o nosso ("Pobre samba meu/ Foi se misturando, se modernizando, e se perdeu/ [...] Influência do *jazz*"), já vigorava desde o final dos anos 20 a preocupação de preservar uma música brasileira "autêntica". Hoje em dia, soa estapafúrdio acusar "Carinhoso", quase um segundo hino nacional, de "música popular *yankee*". O crítico da *Phonarte* não enxergou ou não quis enxergar no choro-canção de Pixinguinha (cuja letra foi escrita por João de Barro, o Braguinha, em 1936) a nossa mais profunda tradição seresteira, que, por sua vez, remonta à tradição modinheira do Brasil Imperial.

Em 1928, um ano antes dessa crítica, Mário de Andrade havia publicado o seu *Ensaio Sobre a Música Brasileira*, um dos textos fundadores da nossa musicologia. Mário propõe aí, *grosso modo*, a tese de que uma pesquisa sistemática da música popular rural, reelaborada pela música erudita, poderia sugerir caminhos para a constituição de uma linguagem musical original, livrando-nos da aplicação de modelos estéticos europeus. O pensamento de Mário é mais complexo, e não cabe aqui desenvolvê-lo. De todo modo, pode-se dizer genericamente que as leituras mais mecânicas e menos sutis do autor criaram, como efeito colateral, a falsa noção de que a influência externa poderia pôr em risco o tesouro da cultura musical nacional.

Esse quadro intensifica-se nas décadas de 1950 e 1960, quando se desloca o debate em torno do *topos* da identidade nacional, característico dos anos 30, para a postura da crítica engajada, em que na maioria das vezes o "subdesenvolvimento" nacional e o "imperialismo" norte-americano são traduzidos como simples oposição dualista. É em tal contexto que a imprensa da época projeta o "fenômeno da bossa nova", à volta da polêmica sobre as "inovações" estéticas contidas no "movimento".

    O debate se fez no calor da hora, de modo veemente e sem precedentes na história da nossa música. Polarizaram-se duas linhas críticas: de um lado, José Ramos Tinhorão colocava-se como o principal expoente de um raciocínio semelhante àquele que vimos acima sobre "Carinhoso", mas agora incrementado com um ponto de vista sociológico e apoiado por uma orientação teórico-metodológica marxista "ortodoxa", segundo a qual o *jazz*, além de corromper a música nacional, também significava a presença "nefasta" do imperialismo *yankee*; de outro, as interpretações pioneiras do musicólogo Brasil Rocha Brito e do maestro Júlio Medaglia, que buscavam demonstrar, guardadas as respectivas nuances e diferenças, as diversas influências nacionais e estrangeiras na composição do estilo da bossa nova, deixando transparecer como argumento de fundo a idéia de que a música popular brasileira anterior ao "movimento" era "atrasada" ou pouco elaborada (no sentido da construção harmônico-melódica) e salientando assim em suas análises os sentidos de "modernidade" e "brasilidade".

    A polêmica foi o ponto de partida para estudos acadêmicos, reportagens, biografias e autobiografias da bossa nova e de seus participantes. Na realidade, a polarização da crítica no início dos anos 60 intensificou a idéia de movimento, coisa que para Tom Jobim, João Gilberto e Vinicius de Moraes não se colocava de forma programática, como ocorreria, por exemplo, com os tropicalistas.

    Já na década de 1990, Lorenzo Mammì trouxe importantes contribuições sobre o tema da influência do *jazz*. No artigo "João Gilberto e o Projeto Utópico da

Bossa Nova", [26] o crítico busca, a partir de uma comparação entre a bossa nova e o *jazz*, interpretar as sensibilidades envolvidas na produção musical de cada cultura. A força de sua interpretação reside no fato de que a bossa nova e o *jazz* apontam para projetos musicais distintos, que resultam em profundas diferenças entre as culturas brasileira e norte-americana – sem que se estabeleça uma relação de submissão, dominação, avanço ou retrocesso.

Nos EUA, a cultura musical jazzista é marcada pelo senso virtuosístico da performance e do profissionalismo ostensivo. Observa-se que a cultura do espetáculo permeia a vida doméstica. Uma festa de aniversário, por exemplo, pode ser encarada como um *show* – imitação da vida pública ou exercício para ela. No Brasil, ao contrário, a bossa nova desenvolveu-se em atmosfera intimista, onde, para além da temática de suas canções, a intimidade é levada a público. Um certo amadorismo que ronda essa situação, a despeito do extremo profissionalismo de seus músicos, é condição tácita, entre público e artistas, para que o aconchego da sala-de-estar do apartamento se estenda ao palco.

Em Tom Jobim, a composição está submetida, sobretudo, à construção da linha melódica, que com seus acidentes, cromatismos e amplo desenvolvimento flui rumo à espontaneidade da fala. Em João Gilberto, essa característica é potencializada com nuances rítmicas que aproximam ainda mais o canto à indeterminação da prosódia. A bossa nova de Tom e João é fundamentalmente melódica, o *jazz* é essencialmente harmônico. No *jazz*, a melodia é reduzida ao mínimo para que a construção de cadências harmônicas sirva de base para a improvisação melódica. Na orquestração da bossa nova

---

[26] *Novos Estudos* (CEBRAP), nº 34, nov. 1992; pp. 63-70.

soam à frente os timbres sem ataques das flautas e das cordas, ao passo que no *jazz* impera a potência cortante do som dos metais. Segundo Mammì, a música de Tom e João, deslizante e orgânica, intimista e despojada, anseia "amadoristicamente" por uma perfeição que exala forte carga utópica: "se o *jazz* é vontade de potência, a bossa nova é promessa de felicidade".[27]

ANTONIO BRASILEIRO VILLA-LOBOS JOBIM

"Promessa de felicidade": a expressão do romancista francês Stendhal, trazida para nosso contexto, diz muito sobre o Brasil e sobre as expectativas envolvidas na construção de Brasília. Não foi à toa que o governo brasileiro teve ao mesmo tempo a perspicácia política e a feliz intuição de convidar Tom e Vinicius para compor o tema de inauguração da nova capital. Confirmava-se a visão de que a música da dupla emanava a carga de utopia que Lorenzo Mammì apontou na bossa nova, ainda que no fundo talvez se tratasse apenas de oportunismo político. De todo modo, a bossa nova representava uma elite culta do país (mas não uma elite política), que tinha seu correspondente na arquitetura de Niemeyer, nos jardins de Burle Marx, na poesia de Carlos Drummond de Andrade e na prosa de Guimarães Rosa e Clarice Lispector. Era um Brasil que se apresentava ao mundo pela primeira vez não como um território exótico, mas como um país movido por um projeto de modernização original e relevante.

---

[27] Idem; p. 70.

Villa-Lobos (1887-1959) fora o compositor em busca de uma leitura pujante e caótica do Brasil:

> Ao mesmo tempo em que adaptava a seu modo as inovações de vanguarda européia, assimilando suas liberações sonoras, Villa-Lobos absorveu rápida e crescentemente os formantes prismáticos da psiquê musical brasileira, aglomerados, recombinados e ambientados em massas orquestrais pontuadas por alusões florestais, sertanejas, canto dos pássaros, ritos, ranchos, cantigas, dobrados. A cultura e a natureza, os significantes indígenas, africanos, urbanos, suburbanos e rurais, captados e amplificados pelo olho mágico do choro carioca, compõem a redução (ou tradição) grandiosa de um Brasil latente percebido como susto, trauma, impulso e maravilhamento. Toda a música de Villa-Lobos pode ser entendida como o retorno a um interminável, como se jamais consumado, *Descobrimento do Brasil* (nome, por sinal, de uma grande suíte orquestral composta para o filme de Humberto Mauro em 1937).[28]

Tom Jobim foi beber nessa grande tradição villa-lobiana sua orientação estética mais profunda.[29] Chegou inclu-

---

[28] José Miguel Wisnik, "Entre o Erudito e o Popular". Em: Jorge Schwartz (org.), *Da Antropofagia a Brasília: Brasil, 1920-1950*. Valência: IVAM Institut Valencià d'Art Modern; São Paulo: FAAP – Fundação Armando Álvares Penteado e CosacNaify, 2002; p. 302.
[29] "Quando nasci, em 1927, Villa-Lobos já era objeto de galhofa nacional. Quando eu era garoto em Ipanema, escutava piadas e gozações a respeito do ensandecido maestro, demente mesmo, um tal de vira-loucos. Consta que era maluco. Um dia, mais tarde, apareceu lá em casa um disco, estrangeiro, dos *Choros* nº 10 regido pelo maestro Werner Jansen, peça sinfônica com coral misto, obra erudita. Quando o disco começou a tocar eu comecei a chorar. Ali estava tudo! A minha amada floresta, os pássaros, os bichos, os índios, os rios, os ventos, em suma, O Brasil. Meu pranto corria sereno, abundante, chorava de alegria, o Brasil brasileiro existia e Villa-Lobos não era louco, era um gênio." Em: *Cancioneiro Jobim*, op. cit., vol. 5; p. 15.

sive a escrever na contracapa do LP de *Brasília – Sinfonia da Alvorada*: "O Brasil aparece em toda a sua nostalgia e grandeza. Uma nova civilização se esboça. Herdeiro de todas as culturas, de todas as raças, tem um sabor próprio".[30] De par com Guimarães Rosa, Villa-Lobos sempre foi a maior referência de Brasil para Tom Jobim.

A composição foi encomendada em 1958 pelo presidente Juscelino Kubitschek. Mas, por falta de verba, não foi apresentada na inauguração da nova capital, em 1960, como estava previsto. Foi gravada no mesmo ano no estúdio da Columbia, no Rio de Janeiro, com Vinicius recitando seu texto, Tom regendo e Radamés Gnatalli tocando piano. O LP saiu em 1961. A peça é dividida em cinco movimentos para coro e orquestra, com parte para recitativo. O primeiro movimento procura descrever a paisagem do Planalto Central; os três seguintes, a chegada dos candangos e a construção da capital; e a última parte apresenta um coral comemorativo da conclusão dos trabalhos.

Como nos poemas sinfônicos do século 19, de Berlioz, Liszt e mais tarde Richard Strauss, a *Sinfonia da Alvorada* é uma obra programática, isto é, pretende descrever musicalmente uma situação narrativa. Nesse sentido, a explicação do compositor é exemplar:

> A música começa com duas trompas em quintas que evocam as "antigas solidões da alma", de que nos fala Vinicius de Moares, e a majestade dos campos sem arestas que há milênios se arquitetam. [...] Duas flautas comentam liricamente as infinitas cores das auroras e dos poentes, sobre um fundo harmônico de cordas em trêmulo.[31]

---

[30] Apud *Cancioneiro*, op. cit., vol. 2; p. 26.
[31] Idem, ibidem.

A presença de Villa-Lobos não está só na orientação estética da obra de Tom Jobim; musicalmente, pode-se identificar uma série de referências e atmosferas características do nosso maior compositor erudito. Como exemplo, pode-se citar a longa e melancólica linha melódica do segundo movimento, "O Homem", tocada pelos violoncelos sob uma tensa divisão em semicolcheias mantida em ostinatos pelos violinos e violas. Trata-se de um procedimento comum de contraste, usado por Villa-Lobos em diversas peças, como na "Introdução (Embolada)" das *Bachianas Brasileiras* n° 1. Nesse caso em particular, a escrita de Tom ecoa quase que literalmente a música de Villa.

"Água de Beber": Tom e Vinicius durante a construção de Brasília.

3. O FRIO DA AMÉRICA DO NORTE

O período de viagens e estadas na América do Norte durante a década de 1960 abre uma nova fase na vida e na obra de Tom Jobim. Se, por um lado, sua música internacionalizou-se a ponto de Tom chegar a gravar em 1967 um disco com Frank Sinatra (*Francis Albert Sinatra & Antonio Carlos Jobim*), quando o cantor norte-americano estava no auge da fama internacional, por outro sua inserção no maior mercado de música do mundo se fez às custas de um grande conflito pessoal. Aceitar o frio e o eficiente modo de produção norte-americano não foi fácil para o compositor acostumado com o calor do Rio de Janeiro.

A narrativa que fez sobre sua viagem aos EUA para realizar o famoso concerto da bossa nova organizado pelo Itamaraty no Carnegie Hall revela bem esse conflito:

> Num perdido 21 de um remoto novembro dos idos de 1962, eu, Antonio Carlos Brasileiro Jobim, embarquei, contra a minha vontade, para Nova

York. Manhã branca, leitosa, sem sombra, o velho Boeing 707 correu no mormaço, rugiu sua prepotência, levantou o nariz e mostrou o papo pro vento, e foi galgando a escadaria de ar, as costelas do vento, corcoveando, e lá se foi, comigo dentro, muito a contragosto, a Guanabara espelhando lá embaixo. Era a primeira vez que saía do Brasil, já tinha quase 36 anos e me considerava velho.[32]

Depois da desastrosa apresentação da bossa nova no concerto do Carnegie Hall, Tom fez mais algumas apresentações em Nova York, enquanto se lamentava das péssimas traduções que fizeram de suas canções "no mísero hotel pardieiro" em que estava hospedado. Mas decidiu ficar: "Frio do cão. Vou ficar. João Gilberto, Sérgio Ricardo e Milton Banana também ficaram no hotel Diplomat. Carlos Lyra ficou em outro lugar. Outros não sei. Em dezembro caiu a primeira neve".[33]

De certo modo, o nome de Tom Jobim representava para os anos 60 o que a figura de Carmen Miranda representou para os anos 40, em termos da projeção que a música popular brasileira assumiu no mundo, lançada como gênero de ritmo dançante (samba/bossa nova) pelo mercado musical norte-americano. Mas as diferenças são muitas. Em primeiro lugar, Tom chegou aos EUA (a contragosto) já como compositor consagrado, enquanto a cantora Carmen foi literalmente conquistar a América. Carmen, a despeito de toda a sua originalidade e qualidade artística, transformou-se numa espécie de produto genérico latino-americano, representado pelo visual alegórico. Sua vida teve um fim trágico,

---

[32] *Cancioneiro Jobim*, op. cit., vol. 2; p. 33.
[33] Idem, ibidem.

depois de ela se tornar refém desse pioneiro mecanismo do *show business* internacional. Se Tom não resistisse, talvez ocorresse algo parecido com ele e suas canções.

O mercado musical norte-americano, na época, encontrou um papel perfeito para a bossa nova como gênero de *soft music*. Segundo o compositor Henry Mancini, a música ao mesmo tempo "simples e sofisticada" de Tom trouxe novos ares para um espaço que parecia saturado pela tradição dos *songwriters* (Cole Porter, Irving Berlin, George e Ira Gershwin, Richard Rodgers e Lorenz Hart, entre outros). Os anos 60 marcavam o fim da era da canção "clássica" norte-americana, na análise do compositor do tema da *Pantera Cor-de-Rosa*.[34] Talvez o próprio interesse de Sinatra em gravar um disco com sete canções de Tom, somadas a três temas clássicos do cancioneiro norte-americano, seja o melhor argumento para tal interpretação.

De todo modo, Tom Jobim tinha razão em ficar descontente com as primeiras traduções de suas músicas. Em sua maioria, elas foram feitas a toque de caixa para suprir um mercado ávido de novidades. O que Norman Gimbel fez com a versão em inglês de "Garota de Ipanema" é um bom exemplo dos contrastes entre o tempo afetivo e indeterminado da bossa nova e o tempo industrial da música norte-americana. Lorenzo Mammì comenta as diferenças de sensibilidade entre as duas versões:

> "Olha que coisa mais linda/ Mais cheia de graça/ É ela menina" vira: "*Tall and tan/ And young and lovely,/ The girl from Ipanema*". Os versos em inglês têm várias sílabas a menos e recortes diferentes en-

---

[34] O depoimento de Mancini encontra-se no documentário *Tom e a Bossa Nova* (1993), dirigido por Walter Salles.

tre as frases, que obrigam a um rearranjo da melodia: menos notas, frases mais regulares e síncopes mais marcadas. Com suas oposições simétricas de adjetivos, feitas para serem acompanhadas por um estalar de dedos, "Girl From Ipanema" transforma o requebro da moça em tempo de metrônomo. *Tall and tan*, tique-taque. É a apresentação objetiva de um produto, iniciada por uma lista de qualidades e concluída pelo nome do objeto em questão: *the girl*. A letra original, ao contrário, nunca usa a palavra "garota" ("menina" não é um nome, é um atributo) e é muito mais a manifestação de uma hipnose melancólica, premonição da meia-idade, do que a apreciação dos dotes físicos de uma adolescente. Nos versos originais, mesmo sem música, o tempo escoa, não bate.[35]

SOFT EVASIVE MIST

Foi lutando contra os problemas concretos das traduções e, sobretudo, negociando sua sensibilidade de "civilização de praia"[36] com a pragmática sensibilidade norte-americana, que Tom principiou a carreira fonográfica como solista nos EUA. Irônica ou sintomaticamente, seu primeiro LP, *The Composer of Desafinado Plays* (1963), é um disco instrumental. Nos dois LPs que se seguem, *The Wonderful World of Antonio Carlos Jobim* (1964) e *A Certain Mr. Jobim* (1965), surge a voz

---

[35] Em: L. Mammì, A. Nestrovski e L. Tatit, op. cit.; p. 14.
[36] "Os americanos jamais entenderiam essa nossa 'civilização de praia'", comentou Tom em carta a Vinicius. Carta de 15/01/1965; *apud* Sérgio Cabral, op. cit.; p. 231.

do compositor para defender sua obra. O repertório é composto por suas clássicas canções da bossa nova (àquela época desconhecidas nos EUA), mescladas com poucos temas novos, como "Surfboard", "Bonita" (em parceria com os seus "melhores" tradutores, Gene Lees e Ray Gilbert) e "Zingaro" (que posteriormente, com a letra de Chico Buarque, tornou-se "Retrato em Branco e Preto").

Tom ainda gravou mais três discos, essencialmente instrumentais, nesse período que poderíamos chamar de "internacionalização" de sua obra: *Wave* (1967), *Tide* (1970) e *Stone Flower* (1970). O repertório deles seria totalmente original se não fossem as regravações de "Garota de Ipanema" e "Lamento" (de *Orfeu da Conceição*) e as interpretações originalíssimas de "Carinhoso", de Pixinguinha e "Aquarela do Brasil", de Ary Barroso.

Os arranjadores com que Tom Jobim trabalhou nesse período constituem assunto à parte, que deve ser levado em conta. Para o universo dos músicos profissionais dos anos 50, o nome de Nelson Riddle, por exemplo, o grande maestro e arranjador de Frank Sinatra, era uma lenda. Tom trabalhou com Riddle em *The Wonderful World of Antonio Carlos Jobim* e, naturalmente, no disco de Sinatra. O sonho do jovem arranjador da Odeon foi assim realizado.

Sem descrédito a esses trabalhos, o grande parceiro de Jobim revelou-se o maestro Claus Ogerman. O "Prussiano" (apelido dado por Jobim para o alemão Ogerman) entendeu como ninguém a "alegria flutuante", "o lirismo nada meloso" e a "radiante beleza me-

---

[37] São comentários do crítico da revista *Down Beat*, Pete Welding, sobre o primeiro LP de Jobim lançado nos EUA, com arranjos e regência de Claus Orgeman. Ver *Cancioneiro Jobim*, vol. 2; p. 35.

lódica"[37] de sua música e soube dar aos arranjos o peso certo da orquestra: essencialmente flautas, trompas e cordas. Tudo sempre soando fluido, com poucos ataques ou convenções rítmicas abruptas. Nada que Jobim não soubesse fazer – como aliás já fizera nos arranjos para João Gilberto. Para além disso, como observou o compositor Edu Lobo,[38] as canções de Tom já vêm prontas, com introduções, codas e contracantos. Diante delas, o papel do arranjador não é tanto mexer na forma, mas equilibrar e distribuir as vozes, que saem naturalmente do piano do compositor para a orquestra. Mas, ao contrário do que pode parecer, isso nem sempre é simples, e Tom sempre gostou de trabalhar com arranjadores.

A parceria com Ogerman durou até o LP *Terra Brasilis* (1980), imprimindo uma sonoridade sofisticada e elegante em seus discos. A única interrupção nessa parceria de quase duas décadas deu-se em 1970, quando Tom trabalhou em três projetos com Eumir Deodato, arranjador brasileiro radicado nos EUA: a trilha sonora do filme *The Adventurers* e os LPs *Tide* e *Stone Flower*. Aí se escuta uma sonoridade que valoriza o *groove* rítmico, com a atmosfera de *jazz-funk* característica da época.[39]

Tide e *Stone Flower*

De volta aos discos: esses seis LPs formam claramente dois blocos. Nos três primeiros, estão reunidos grandes temas da bossa nova apresentados na forma convencional da canção comercial ("A-B-A", com duração média de três

---

[38] Ver depoimento de Edu Lobo nos "extras" do DVD *Ela é Carioca*, lançado na caixa *Maestro Soberano – Tom Jobim*. Rio de Janeiro: Biscoito Fino, 2006.
[39] Deodato se tornou respeitado em meio aos arranjadores norte-americanos e europeus no início dos anos 70, inclusive transformando em *hit* o poema sinfônico *Also Sprach Zarathustra*, de Richard Strauss (1864-1949), com um envolvente arranjo *jazz-funk*.

minutos), ainda que em arranjos puramente instrumentais. Nos três últimos, especialmente em *Stone Flower*, é como se a forma-canção comercial já não comportasse o discurso do compositor, que precisa de mais espaço para o desenvolvimento das idéias (muito embora, como já foi dito, o *gesto da canção* seja sempre o essencial em Tom Jobim, até quando expandido em vôos sinfônicos).

Essa tendência se aprofundará nos dois discos seguintes, *Matita Perê* (1973) e *Urubu* (1975), já da fase "mateira". Sabemos que as formas expandidas da música clássica não eram um universo distante para Tom (basta lembrar da *Sinfonia da Alvorada*). Por outro lado, a participação de célebres músicos de *jazz* em seus LPs, como Ron Carter, Urbie Green ou Joe Farrel, trouxe a esses trabalhos uma qualidade mais "improvisada", e nesse sentido mais "expandida" também, principalmente nos discos *Tide* e *Stone Flower*. Outro aspecto importante é que grande parte dos temas que compõem o repertório desses dois últimos LPs surgiu de encomendas para trilhas sonoras: primeiro, para o filme *Garota de Ipanema* (1967), de Leon Hirszman, e depois para *The Adventurers* (1970), dirigido pelo inglês Lewis Gilbert.

Tide (Maré) é um LP que pretende ser o prolongamento de *Wave* (Onda); a maré montante, talvez. O próprio tema "Tide", por exemplo, é uma somatória de improvisações sobre a estrutura harmônica da canção "Wave", que abre o disco homônimo. Mas, diversamente da improvisação convencional do *jazz*, que tece variações livres e espontâneas a partir de uma estrutura harmônica fixa, Tom mais parece *desenvolver* do que variar. O tema original de "Wave" permanece em nossa memória como um eco, que regula e ajusta as novas linhas melódicas. Por seu desenvolvimento, "Tide" é de fato um tema novo. Mas ao mesmo tempo é o mesmo, a "Wave" que conhecemos.

A sonoridade criada por uma banda com a presença forte e regular da seção rítmica brasileira (João Palma e Airton Moreira), misturada à sensibilidade jazzística do baixo de Ron Carter e das flautas de Joe Farrel e somada às pontuações "minimalistas" do piano e do violão de Tom, sugere um amplo movimento de *traveling* cinematográfico. Tudo passa leve, mas não superficialmente. A sensação é de um tempo denso, vivido em toda a plenitude, *soft evasive mist*, para voltar ao belo verso de "Bonita", talvez a mais perfeita tradução em palavras do som dos discos de Tom da década de 1960.

Em *Stone Flower*, aparece mais concretamente a expansão da *forma-canção* comercial. O que Jobim fez com "Brazil" (título em inglês para "Aquarela do Brasil", de Ary Barroso), é indicativo. A interpretação dura 9min44s, tempo inimaginável para qualquer veiculação radiofônica. A canção-símbolo do Brasil, que correu mundo nos anos 40 pela voz de Carmen Miranda, ganha uma versão paradoxalmente intimista e grandiosa: um *groove* instrumental em torno do piano elétrico garante uma sonoridade caudalosa, enquanto a voz frágil e embargada de Tom canta estrofes fragmentadas em momentos inesperados.

Outra característica importante desse LP é a presença da temática nordestina, nas faixas "Quebra-Pedra/Stone Flower" e "God And The Devil in The Land of The Sun" (Deus e o Diabo na Terra do Sol). Maracatu e baião são os ritmos de base. Um certo modalismo melódico se insinua sobre harmonias mais estáticas, comparadas às do Jobim bossa-novista. Da trilha sonora para *The Adventurers* vêm algumas canções clássicas: "Children's Game", depois batizada como "Chovendo na Roseira", e "Amparo", que se tornou "Olha Maria", com a letra de Chico Buarque e Vinicius de Moraes. E o LP vai mais longe, incluindo uma versão de "Sabiá" em seu registro mais sincero e tocante, na voz do próprio compositor.

CAMINHO DE VOLTA

"Sabiá" é a canção que marca o início da volta de Tom Jobim de seu "exílio" internacional, como observou Lorenzo Mammì.[40] Também marca o início de uma nova fase, em que o compositor se aproxima, a seu modo, de um universo distinto do popular-comercial, responsável pelo lançamento da bossa nova ao mundo. É uma canção densa, com força dramática incomum, de melodia sinuosa e cheia de meandros difíceis de captar – características das canções de Tom da década de 1970, como "Ana Luiza" ou "Angela".

Surgiu originalmente como peça erudita de câmara, para a cantora Maria Lúcia Godoy e chamava-se "Gávea". Ganhou de Chico Buarque uma letra requintada, escrita sob o signo do poema "Canção do Exílio", do poeta romântico Gonçalves Dias (1823-64). Concorreu inadvertidamente no III Festival Internacional da Canção de 1968, no olho do furacão da situação política nacional, uma época em que o Brasil se polariza: ditadura militar *versus* democracia, esquerda *versus* direita, engajados *versus* alienados ou guitarra elétrica *versus* violão.

O próprio Tom dizia que "Sabiá" jamais ganharia o festival, que no máximo chegaria às finalistas. Mas a ironia da história foi maior: sob as vaias de um Maracanãzinho lotado, "Sabiá", ficou em primeiro lugar, deixando em segundo "Pra Não Dizer Que Não Falei das Flores" (mais conhecida como "Caminhando e Cantando"), canção-hino do engajamento contra a ditadura militar, de Geraldo Vandré.

---

[40] Em: *Três Canções de Tom Jobim*, op. cit.; pp. 12-29.

Essa situação incômoda crivou a volta de Tom Jobim à cena cultural brasileira. O compositor genial da bossa nova, um dos pais da moderna música popular brasileira, era visto agora como desatualizado, pela massa dos festivais da canção. O público, assim como o país, mudara vertiginosamente em pouco tempo. A segunda metade da década de 1960 viu surgir a televisão e, com ela, uma transformação do comportamento, sobretudo dos jovens.

Nesse contexto, Tom Jobim tornava-se uma figura histórica: não a encarnação da história corrente, como eram Chico Buarque, Caetano Veloso ou o próprio Geraldo Vandré, mas uma figura do passado, ou já atemporal, como Dorival Caymmi e Pixinguinha. Dessa perspectiva, a parceria de Tom e Chico em "Sabiá" podia ser vista, à época, como um encontro histórico; para nós, em retrospecto, constitui uma síntese de muitas vertentes da cultura brasileira, simbolicamente tramadas nesse cruzamento de gerações.

PENSAMENTO CIRCULAR

Regravar, *reinterpretar*, assim como *reutilizar* fragmentos melódicos, rítmicos e harmônicos de um tema em outro, são constantes na obra de Tom Jobim. São também indicativos de uma característica de personalidade e musicalidade: o *pensamento circular*.

Em cada giro, Tom traz uma nova experiência. Seja nos antológicos bate-papos, seja numa explicação etimológica (Jobim adorava dicionários e, com seu singular senso de humor, era capaz de criar associações infinitas entre idéias e palavras), seja em sua arquitetura musical. Exemplo máximo desse dom na construção de uma canção é "Águas de Março". Entre outros sabiás, urubus e matitas-perês, ela é assunto para o próximo capítulo.

"Matita Perê": manuscrito de Tom Jobim, com indicações das modulações de tom.

4. MATEIRO

> *Quem pega Tom Jobim, no Rancho das Nuvens, de*
> *Nuvens Douradas? Leva Ana Luísa no Trem para*
> *Cordisburgo. Conta-lhe a Crônica da Casa Assassinada.*
> *Fala de Milagres e Palhaços, e se é Tempo de Mar, com*
> *Pedrinho de Moraes, Chora o Coração de Vinicius de Moraes.*
> *Fluem, fluem as Águas de Março e vai fluindo em poesia*
> *rosiana o límpido som de Tom, na palma da mão, cor do Brasil.*
> Carlos Drummond de Andrade, trecho da crônica
> "Pré-inverno". *Jornal do Brasil*, 12/05/1973

A tensão política do Brasil do final da década de 1960 punha o tempo da história dramaticamente no primeiro plano. A polarização política – contra ou a favor do regime militar – marcava todas as esferas da vida, de forma explícita ou tácita. Como vimos, Tom Jobim volta a aparecer no circuito cultural brasileiro bem neste ponto, a partir da apresentação de "Sabiá" no III Festival Internacional da

Canção de 1968. Sua figura começa a ficar meio de perfil, envolta por um halo vagamente imortal de pai moderno da MPB, mas já não exatamente em dia.[41]

Diante de tais circunstâncias, o compositor da bossa nova se move na direção de uma idéia atemporal de *natureza*. O que poderia significar o fecho de uma carreira de sucesso ou, pior, o início de um nacionalismo nativista, ganha ali um giro singular.

Seus dois discos autorais da década de 1970, *Matita Perê* (1973) e *Urubu* (1975), foram produzidos e bancados por ele mesmo (só depois de prontos é que Tom os vendeu para gravadoras). Isso significa que o compositor, junto com o maestro Claus Ogerman, trabalhou com liberdade total, sem preocupação com o mercado. Do ponto de vista temático, a natureza surge como o grande assunto. (A partir dos anos 90, tornou-se costume substituir a palavra "natureza" por "ecologia", como pedem os tempos.)

O sujeito metropolitano e cosmopolita sempre conviveu com o caboclo "mateiro", como Tom gostava de se chamar. A natureza já tinha assomado explicitamente em sua obra, demonstrando pujança instrumental e sinfônica, em *Brasília – Sinfonia da Alvorada* e "Quebra-Pedra/Stone Flower", ou obliquamente, em canções como "Água de Beber". O que há de mais original nessa nova fase, para além de questões intrinsicamente composicionais, é a ligação com a *literatura*, algo que sempre permeara sua arte, mas que fora velado pelo próprio brilhantismo musical.

---

[41] Ver José Miguel Wisnik, "Tom, João e Mendonça: A Santíssima Trindade" [1974]. Em: *Sem Receita – Ensaios e Canções*. São Paulo: Publifolha, 2004; p. 515.

MÚSICA E LITERATURA

Tom Jobim ostentava certo orgulho de ter tido um pai escritor, poeta parnasiano, além de diplomata, um "homem das letras", como se dizia. O compositor declarou numa entrevista: "Sérgio Buarque de Holanda me deu uma carta de meu pai escrita por ele. Isso é um conforto para quem, como eu, não teve pai".[42] A fala não é gratuita: sugere um mecanismo enviesado em que Tom parece assegurar o seu berço literário, construindo esse vínculo entre seu pai e o historiador e crítico literário, pai do parceiro Chico.

Os depoimentos do período em que se retirou para seu sítio a fim de trabalhar no projeto de *Matita Perê* revelam sua paixão pela palavra:

> Eu estou realmente entusiasmado com este disco. É um material novo, enxuto, que revela muitas coisas que estavam dentro de mim há muito tempo. [...] Estou fazendo letras, coisa que nunca fiz com esta força. Fiz letras, sim, mas falando de Corcovado etc. *Matita* fala outra linguagem, não é música romântica, não tem amor nem mulher. [...] Também foi importante fazer a letra de "Águas de Março". Aí falo de um troço que estou vendo, que é mesmo, sem mentira. Claro que esta linguagem eu devo muito a pessoas que eu admi-

---

[42] Apud Sérgio Cabral, op cit., p. 13. Tom não teve chance de conviver mais longamente com o pai, primeiro por causa da separação do casal Jobim, logo após o nascimento de Tom, e depois pela morte prematura de Jorge de Oliveira Jobim. Nos diversos depoimentos que deu sobre o assunto, revela-se certa recorrência do tema da ausência paterna e do "filho de um lar rompido", misturado com um vago ou dissimulado orgulho da herança literária "genética" deixada pelo pai. Ver, entre outras, a entrevista de Roberto d'Ávilla com Tom Jobim, "Um Nome da História", nos extras do DVD *Tom Jobim ao Vivo em Montreal* (Biscoito Fino, 2005).

ro, a Guimarães Rosa, a Drummond, a Mario Palmério. Mas só se pode roubar a quem se ama.[43]

O LP *Matita Perê* abre com "Águas de Março", uma faixa construída em camadas complexas a partir de idéias musicais e poéticas simples. Em seu ensaio sobre a canção, Arthur Nestrovski nos ajuda a explicar essa delicada arquitetura:

> Aquilo que no poema se exprime pelo contraste entre elementos solares e soturnos, entre vida e morte, ave no céu e ave no chão, tem um paralelo musical no contraponto do tema diatônico com a linha cromática trágica. [...] Para que o dó maior ganhe o valor pleno da tônica – um cais absoluto, ao mesmo tempo fim do caminho e nova promessa –, faz-se preciso acolher esses contrários, que se completam para além do bem e do mal.[44]

Em "Águas de Março", a característica do *pensamento circular* atinge sua máxima expressão. As repetições em espiral da canção vão transformando, a cada volta, aquilo que é absolutamente concreto e prosaico numa experiência existencial profunda: "É pau, é pedra/ [...] É o vento ventando/ [...] É o regato, é uma fonte, é um pedaço de pão/ [...] São as águas de março fechando o verão/ É a promessa de vida no teu coração". Como mostra Nestrovski, as fontes de Tom abrangem desde o folclore nacional ("é pau, é pedra, é seixo miúdo", um ponto de macumba), passando pelo parnasiano Olavo

---

[43] *Cancioneiro Jobim*, op. cit. vol. 4; p. 17.
[44] "O Samba Mais Bonito do Mundo." Em: L. Mammì, A. Nestrovski e L. Tatit, *Três Canções de Tom Jobim,* op. cit; pp. 49-50.

Bilac ("Foi em março, ao findar da chuva...", do poema "O Caçador de Esmeraldas"), até indiretas referências musicais eruditas, que vão das ressonâncias barrocas do baixo cromático a desenhos formais dignos de Schumann (1810-56). Tudo finamente tramado.

Em "Ana Luiza", segunda canção do disco, Jobim retorna às letras românticas, dando origem a uma série de supostas musas do compositor: "Ligia" e "Angela", em *Urubu* (1975), e "Luiza" e "Bebel", em *Passarim* (1987).

Daí chegamos a "Matita Perê", terceira faixa do LP, canção em parceria com Paulo César Pinheiro, dedicada a Guimarães Rosa, Drummond e Palmério. É difícil saber o quanto há de Jobim e o quanto de Pinheiro na poesia – mas vale notar, com Celso Loureiro Chaves, que "a letra de Paulo César Pinheiro para 'Sagarana', canção sua e de João de Aquino, não tem parentesco, no seu gongorismo exacerbado, com 'Matita Perê'".[45] O conto "Duelo", do livro *Sagarana* (1946), de Guimarães Rosa, é uma fonte de inspiração direta: a trágica história de uma personagem que em sua fuga vai mudando de nome, montaria e paisagem – o que na música ganha representação formal nas sucessivas modulações, passando por 11 tonalidades diferentes até retornar à tônica (processo extraordinariamente incomum para uma canção, como veremos abaixo).

Na canção "O Boto",[46] do disco *Urubu*, Jobim exercita sua curiosidade enciclopédica para escrever uma letra recheada de referências a pássaros, num ce-

---

[45] Celso Loureiro Chaves, "Matita Perê". Em: A. Nestrovski (org.), *Lendo Música. 10 Ensaios Sobre 10 Canções*. São Paulo, Publifolha, 2007; p. 153.
[46] Jararaca, da dupla histórica Jararaca e Ratinho, ganhou a parceria da canção porque Tom Jobim quis usar os versos: "Ontem vim de lá do Pilar/ Ontem vim de lá do Pilar/ Com vontade de ir por aí", de um rojão antigo, "No Pilá", de Jararaca (com Zé do Bambo e A. Calheiros). Ver *Cancioneiro Jobim*, vol. 4; p. 19.

nário praieiro, onde inhambus, jerebas, papagaios e jandaias discutem "se o homem foi feito pra voar".

O disco põe em jogo, assim, de modo muito eloqüente, uma literatura que sempre acompanhou a música de Tom Jobim. O voraz leitor de Guimarães Rosa deixaria cifrado, em seu último disco, *Antonio Brasileiro* (1994), um recado rosiano, no encarte do CD:[47] "O resto era o calado das pedras, das plantas bravas que crescem tão demorosas, e do céu e do chão, em seus lugares". O trecho foi extraído do conto "O Recado do Morro",[48] narrativa sobre a gênese de uma canção que se faz por recados entre personagens de uma comitiva a cruzar o sertão. Na narrativa, o ermitão amalucado Gorgulho acaba de dar a primeira versão do recado, que ainda passará por todos os recadeiros até virar canção, no sétimo deles. Mas as palavras são brutas e confusas, e os viajantes – o naturalista escandinavo seo Alquiste, que não entende português, mas é quem melhor percebe a importância do que está sendo dito, mais frei Sinfrão e seo Jujuca do Açude – tentam decifrar as palavras, sem sucesso. É nesse momento que surge o trecho citado por Tom Jobim. O "resto", para um como para outro, é o "calado". É o silêncio, depois do recado.[49]

ARTE DA RELOJOARIA

Do ponto de vista musical, *Matita Perê* e *Urubu* talvez sejam os discos mais ricos de Tom Jobim. Villa-Lobos se

---

[47] Além de uma frase de Saint-Exupéry: *"L'essentiel est invisible. On ne voit qu'avec le coeur"* [O essencial é invisível. Só se vê com o coração].
[48] Em: *Corpo de Baile.* Rio de Janeiro: Livraria José Olympio Editora, 1956.
[49] Devo a José Miguel Wisnik a "descoberta" e a lembrança desse recado.

faz presente de novo, contribuindo para a construção de uma gramática própria, *villa-jobiniana*. Mas também se escutam ecos de compositores modernistas europeus, como Debussy, Ravel e Stravinsky. O que se vê em todas as canções e temas instrumentais é uma obstinada lida com a forma musical em seu artesanato mais sutil, verdadeira arte da relojoaria.

Mais uma vez, a canção "Matita Perê" é exemplar. A história do sujeito em fuga, que vai mudando de nome e lugares é acompanhada, como vimos, por uma sofisticada construção musical: 11 sucessivas tonalidades, cada qual com sua textura, realçada pela orquestra de Ogerman. É sempre delicado haver-se com uma seqüência de modulações e sustentar a unidade formal de uma peça. A solução encontrada pelo compositor foi manter, aparentemente, o mesmo contorno melódico em cada nova tonalidade. Mas, como em Tom nada jamais é igual, ele ajusta e contrabalança pequenas alterações, que vão compondo novas experiências. O igual torna-se diferente para se tornar igual de novo.

Ainda no LP *Matita Perê,* aparecem encomendas para trilhas sonoras: "Tempo do Mar", para o filme homônimo de Pedro de Moraes, e a suíte "Crônica da Casa Assassinada" para o filme *A Casa Assassinada*, de Paulo Cesar Saraceni (baseado no romance de Lúcio Cardoso). A suíte, por exemplo, abre-se com "Trem para Cordisburgo", peça que antecipa, em vários aspectos, a orquestração de "Trem de Ferro", música escrita a partir do poema homônimo de Manuel Bandeira, gravada no CD *Antonio Brasileiro*. Em ambas, o característico ataque das flautas (em intervalos de quartas), usado por Villa-Lobos para mimetizar os apitos do seu "Trenzinho Caipira" (nas *Bachianas Brasileiras* nº 2), está presente como homenagem explícita ao mestre.

A orquestra sinfônica reinaria absoluta no disco *Urubu*, em seu uso mais clássico, não fosse a faixa "O Boto" – baião com toques de berimbau, paisagens sonoras percussivas e pios de todos os tipos (urutau, inhambuaçu e xoroxó, entre outros, piados pelo próprio Tom). Nas demais faixas, soam em primeiro plano as cordas, as madeiras e os metais, mesmo nas canções que trazem consigo a banda, com bateria, baixo acústico, piano e voz ("Ligia", "Correnteza" e "Angela"). A ambição do compositor erudito se realiza plenamente nas faixas "Saudade do Brasil", "Arquitetura de Morar" e na regravação de "O Homem", segundo movimento de *Brasília – Sinfonia da Alvorada*. É aqui que certas harmonias debussianas resplandecem com mais clareza, ou que dissonâncias à Stravinsky se concretizam, como no final de "Saudade do Brasil": o *glissando* dos violinos em segundas menores agudíssimas serve de fundo para frases dispersas de oboé, entrecortadas pelos fortes ataques dramáticos dos metais, citando explicitamente o intróito de *A Sagração da Primavera*.

Tira de Caco Galhardo, inspirada em "Águas de Março" (Folha de S.Paulo, 10/10/2005).

Tom Jobim e "o coro das moças", em show no Palace (São Paulo, 26/05/1988).

5. O CALOR DO RIO DE JANEIRO

Para quem ouviu e viu Tom Jobim nos anos 80, foi especialmente marcante o coro feminino, que o acompanhava nos discos e *shows*. Havia quem o achasse moderno e sofisticado, com suas vocalizações harmonizadas; outros viam nele algo meio antiquado, lembrando os conjuntos vocais dos anos 50 e 60, ou pior, um eco dos corinhos femininos de Sérgio Mendes em suas versões ultra-comerciais da bossa nova. Ou ainda, um recurso doméstico, importado dos saraus familiares: a ficha técnica flagrava uma banda composta por sobrenomes de parentesco próximo (Jobins, Caymmis).[50]

---

[50] Em sua última entrevista, para a revista *Qualis*, Jobim demonstrava irritação com o assunto: "[...] falaram que a minha banda era nepotista, que havia nepotismo e inadimplência. [...] Nepotismo é um sujeito que é funcionário do governo, e bota pra trabalhar os sobrinhos, netos e parentes... Não é nada disso. Na minha banda eu contrato quem eu quiser. [...] E quanto às famílias que estão lá não é só a família Jobim, é a família Caymmi, a família Morelenbaum".

Mas é justamente aí que está a chave para compreendermos, às avessas, o significado dessas vozes, como observou Caetano Veloso:

> Quanto ao coro das moças – sempre trançado com os outros sons que compõem os arranjos –, este surge como uma afirmação da leveza e da alegria, um modo despreocupado e sem pose de mostrar-se entre amigos que gostam da companhia feminina e de reconhecer que as mulheres parecem tornar todas as coisas mais agradáveis. Talvez não seja muito fácil admitir que o nosso maior compositor possa combinar seriedade com o desejo de ser agradável.[51]

O biógrafo Sérgio Augusto resume bem esse período da vida de Tom Jobim:

> Há muito não se sentia tão feliz, tão plenamente realizado. "Como reclamar da vida vivendo cercado de tanta gente moça, querida e bonita", dizia, referindo-se à Banda Nova, que montou com a mulher, dois filhos do primeiro casamento e mais sete amigos. Em sua companhia, sentia-se mais à vontade, em família, quase em casa; o que explica por que, além da ponte-aérea Rio-Nova York a que se habituara, passou a viajar com surpreendente freqüência, até outras regiões da América e do resto do planeta, sobretudo a partir de 1985.[52]

---

[51] Caetano Veloso, *press release* do CD *Antonio Brasileiro* (1994). Também publicado no caderno especial da *Folha de S.Paulo* sobre a morte de Tom Jobim, em 9/12/1994.
[52] *Cancioneiro Jobim*. Op cit., vol. 5; p. 13.

Foi rodeado pelo calor da família e dos amigos em sua casa na Gávea, Rio de Janeiro, que Tom produziu a última fase de sua obra, registrada sobretudo nos discos *Passarim* (1987) e *Antonio Brasileiro* (1994), e de modo muito especial na suíte "Gabriela".

SOB O SIGNO DO AFETO

Como assinalou Caetano Veloso, a combinação de Caymmi com Radamés Gnatalli (e, pode-se acrescentar, Villa-Lobos) compõe mesmo um bom retrato de Tom: Caymmi é o músico popular que melhor ouve os clássicos, e os maestros Radamés e Villa são os músicos eruditos que melhor ouvem o popular.[53] A aproximação de Tom tanto a um quanto aos outros se fez também pelo afeto: Radamés era seu colega e mestre mundano; Villa, seu "maestro soberano" (como diria depois Chico Buarque do próprio Tom, dando continuidade à linhagem).[54]

Com Caymmi, em particular, o afeto se estendeu entre as famílias, materializando-se na Banda Nova (com as presenças de Danilo e Simone Caymmi) e em sua participação em *Antonio Brasileiro*, o último disco de Tom (as faixas "Maracangalha" e "Maricotinha" são uma verdadeira celebração entre famílias). A relação é antiga, uma vez que Tom e Caymmi gravaram em 1965 o disco *Caymmi Visita Tom* (com o subtítulo: "E leva os seus filhos Nana, Dori e Danilo"). Mas é uma peça musical da última fase de Tom que condensa toda a história: "Gabriela".

---

[53] Ver nota 4. Sobre Caymmi, ver Francisco Bosco, *Dorival Caymmi* (série "Folha Explica"). São Paulo: Publifolha, 2006.
[54] Ver a letra de "Paratodos" (no CD *Paratodos*, de 1993).

Em 1982, Tom foi convidado pelo cineasta Bruno Barreto para compor a trilha sonora do filme *Gabriela*, adaptação do romance homônimo de Jorge Amado. Aqui também, como a trilha toda sugere, o compositor partiu de uma forma musical mais expandida para criar, a canção "Gabriela". Luiz Tatit descreve com precisão o conjunto:

> Jobim concebe [...] uma "peça cancional" com diversas partes, entremeadas de segmentos instrumentais e regidas por variações de andamento. Traz à tona, portanto, um aspecto supremo da construção do sentido musical, que normalmente é relegado a segundo plano tanto nas apreciações das obras eruditas como nos comentários sobre música popular: o papel das oscilações de velocidade na organização do conteúdo.[55]

"Gabriela" é uma canção longa, espécie de suíte, com variações contrastantes de andamento: *grosso modo*, o tempo contemplativo da personagem Nacib, que pede lentidão e distensão (com *rubatos*), em contraponto ao tempo de Gabriela, vivo e brejeiro, marcado por uma rítmica amaxixada. Mas há inversões, e esses tempos se cruzam e se mesclam como as personagens. Sua matéria-prima é uma canção de Dorival Caymmi, "Modinha de Gabriela", composta em 1976 para a novela da Rede Globo, que popularizou a atriz Sônia Braga como Gabriela e a voz de Gal Costa como sua maior intérprete.

De novo o *pensamento circular* de Tom se faz presente numa verdadeira poética de apropriação. Ele se

---

[55] Luiz Tatit, "Gabrielizar a Vida". Em: L. Mammì, A. Nestrovski e L. Tatit, *Três Canções de Tom Jobim*. Op. cit., p. 59.

desenvolve a partir de suas referências afetivas mais profundas, tanto com Dorival Caymmi, quanto com sua própria obra. A comparação entre os primeiros versos das "Gabrielas" é exemplar: "Quando eu vim para esse mundo/ Eu não atinava em nada" (Caymmi); "Vim do Norte, vim de longe/ De um lugar que já não há" (Jobim).[56] Tatit também notou que a melodia do nome *Gabriela* é mantida igualmente em seu arpejo (ascendente e descendente), como na canção de Caymmi, apenas com um ajuste harmônico, sem perder o mesmo caráter entoativo.

A canção exigiria um mergulho mais profundo, para revelar a *arte da relojoaria* jobiniana. De modo geral, na trilha sonora do projeto como um todo, cujo arco narrativo contempla a sedução, a paixão, o desencanto e o renascimento da relação Nacib/Gabriela, ouvimos diferentes momentos da própria obra de Tom Jobim, em forma de citação explícita ou implícita: por exemplo, o refrão de Jararaca de "O Boto" ("Ontem vim de lá do Pilar"); trechos de "A Chegada dos Candangos", de *Brasília – Sinfonia da Alvorada*; e ainda as atmosferas nordestinas de "Quebra-Pedra/ Stone Flower" e "God And The Devil in The Land of The Sun".

Na história de Gabriela, o afeto transforma o mundo:

> Com temas melódicos recorrentes, vivificados pela lepidez do canto e da instrumentação, Tom

---

[56] Vale lembrar a letra de Chico Buarque para "Sabiá": "Vou deitar à sombra de uma palmeira que já não há", por sua vez invertendo Gonçalves Dias ("Minha terra tem palmeiras, onde canta o sabiá").

associa a gabrielização das relações humanas à conjunção com esses valores procedentes de um Brasil mais puro, que tem como sonoridade o samba, a viola ("É na corda da viola/ Todo mundo sambar") e a própria voz. [...] Gabrielizar torna-se então refazer constantemente o amor, o sorriso e flor.[57]

Talvez seja esse entendimento profundo da música de Tom Jobim que nos faça ver em seu coro feminino a encarnação mais radical do afeto. "O fato", escreveu Caetano Veloso, "é que quando as moças de Tom entravam cantando aquele trecho do tema de 'Gabriela' meus olhos se enchiam d'água".[58]

CHICO BUARQUE

Depois de Vinicius, Chico Buarque foi o mais regular e mais importante parceiro de Tom Jobim. Imprimiu um estilo nervoso na obra jobiniana pós-bossa nova, projetando-a, de certo modo, para a história presente. Lembremos, por exemplo, os versos cortantes, de palavras ditas quase entre dentes, de "Sabiá" e "Retrato em Branco e Preto" ("Já conheço os passos dessa estrada/ Sei que não vai dar em nada"), em contraposição à fluidez lírica de Vinicius. Como diz Lorenzo Mammì, Chico foi seu "primeiro historiador e maior intérprete de seus anos sombrios".[59]

---

[57] Luiz Tatit, op. cit.; p. 93.
[58] Caetano Veloso, op. cit.
[59] Em: L. Mammì, A. Nestrovski e L. Tatit, op. cit., p. 29.

Tom Jobim com Chico Buarque (Rio de Janeiro, 17/01/1990).

Mais tarde, a dupla também transitaria por canções menos nervosas, mas nem por isso menos complexas, como "Piano na Mangueira" ou "Anos Dourados".[60]

Por outro lado, provavelmente nenhum outro músico terá levado tão longe como Chico as lições do "maestro soberano". Se o brilhantismo musical de Tom ofuscou, de certo modo, o seu pendor literário, a originalidade da poesia de Chico faz com que muitas vezes não se olhe com atenção para sua riqueza musical. E está justamente aí a herança maior de Tom para o seu parceiro. Em primeiro lugar, sempre o gesto essencial da canção em seu desenho espontâneo, aparentemente simples, como num traço de Oscar Niemeyer. Depois, a minuciosa construção harmônica, que sustenta um segundo plano de escuta.

---

[60] José Miguel Wisnik e Guilherme Wisnik explicam: "Em 'Anos Dourados' alguém revive ao telefone, num surto afetivo desencontrado, a paixão datada de um Brasil quase-Brasília, deixando para um interlocutor ausente, confusas 'confissões no gravador' em que se mesclam o desejo inesperadamente reaceso e o sentimento do irremediavelmente perdido". Ver "O Artista e o Tempo". Em: José Miguel Wisnik, *Sem Receita*, op. cit., p. 249.

Em Chico, essas características são tratadas de maneira muito original. A canção "Morro Dois Irmãos" (do disco *Chico Buarque*, 1989) serve de exemplo. É uma daquelas composições (música e letra) que se tornaram características de seus últimos discos, pela fina elaboração melódico-harmônica, assim como "O Futebol" (*Chico Buarque*, 1989), "Biscate" e "Futuros Amantes" (*Paratodos*, 1993), ou "A Ostra e o Vento" (*As Cidades,* 1998), para ficar só nessas.

Do ponto de vista musical, sua forma narrativa sustenta uma longa melodia, formada por simples e curtos motivos melódicos, mais ou menos como em "Sabiá". A construção harmônica, feita por deslizamentos cromáticos escapadiços, cria tensões e distensões, sugerindo nuances, intimamente tramadas aos versos. Em outros compositores, traços dessa ordem tendem às vezes para algum formalismo. As canções se tornam complexas demais. O gesto espontâneo da canção acaba se ocultando. Perde-se assim uma das principais lições de Tom Jobim: aquele equilíbrio raro, entre a suprema seriedade e "o desejo de ser agradável".

ABRI TODAS AS PORTAS DO CORAÇÃO

O popular e o erudito, a canção e a sinfonia, o samba e o *jazz*, a seriedade e o prazer. Tudo isso são camadas, mais do que oposições, na obra e na carreira pessoal de Tom Jobim. E essas forças giram em torno de um centro não definido, mas calcado na idéia positiva de permeabilidade. Tom Jobim se alimenta da vida. Mesmo nos momentos mais difíceis, é invariavelmente afirmativo. História, literatura e música estarão sempre aqui sob o signo do *sim*. Amor pelos sons, amor pela terra, paixão na travessia do Brasil.

Tom Jobim em sua casa, no bairro da Gávea, no Rio (19/08/1988).

CRONOLOGIA

1927 – No dia 25 de janeiro, nasce Antonio Carlos Brasileiro de Almeida Jobim, na casa da rua Conde do Bonfim, 634, Tijuca, Rio de Janeiro, filho do gaúcho Jorge de Oliveira Jobim e da carioca Nilza Brasileiro de Almeida Jobim. Seu pai, Jorge, era diplomata e poeta; Nilza, sua mãe, era professora.

1931 – A família muda-se para Ipanema. Nasce Helena Isaura, sua única irmã.

1935 – Morre seu pai.

1937 – Sua mãe, Nilza, casa-se com Celso Frota Pessoa.

1939 – Entra no curso fundamental do Colégio Andrews, na Praia de Botafogo.

1941 – Inicia estudos de piano com Hans Joachim Koellreutter (um dos pioneiros da música de concerto de vanguarda no país).

1946 – Entra para a Faculdade de Arquitetura, que abandona no mesmo ano.

1949 – Casa-se com Thereza Otero Hermanny.

1950 – Nasce Paulo, o primeiro filho.

1952 – Começa a trabalhar na gravadora Continental. Assume a função de assistente de Radamés Gnatalli, arranjador-mor da gravadora, que se tornaria um grande mestre e amigo.

1953 – Tom e Thereza alugam aquele que se tornaria o famoso apartamento (201) da rua Nascimento Silva, 107. Em abril, é gravada sua primeira canção, "Incerteza", em parceria com Newton Mendonça, interpretada por Mauricy Moura. Em junho, surgem outras gravações: "Pensando em Você" e "Faz Uma Semana", em parceria com João Stockler, interpretadas por Ernani Filho.

1954 – Despontam o primeiro sucesso, "Tereza da Praia", parceria com Billy Blanco, interpretada por Dick Farney e Lúcio Alves, e o primeiro LP, *Sinfonia do Rio de Janeiro*, também em parceria com Billy Blanco.

1956 – Trabalha por pouco tempo na gravadora Odeon, como diretor artístico. Em abril, acontece o encontro com Vinicius de Moraes e o convite para escrever a música da peça *Orfeu da Conceição*. Em 25 de setembro, a peça estréia no Teatro Municipal do Rio de Janeiro. Na seqüência, é lançado o LP *Orfeu da Conceição*. Sai a gravação de Silvia Telles de outra parceria de Jobim e Mendonça: "Foi a Noite".

1957 – Grava o LP *Carícia* com a cantora Silvia Telles. Em agosto, nasce Elizabeth, a segunda filha.

1958 – Lança o LP *Canção do Amor Demais* com a cantora Elizete Cardoso, com parcerias de Tom e Vinicius (e participação de João Gilberto nas faixas "Chega de Saudade" e "Outra Vez" com sua inovadora batida de violão).

1959 – Faz a direção musical e arranjos do primeiro LP de João Gilberto, *Chega de Saudade*. Silvia Telles grava o LP *Amor de Gente Moça*, com inéditas de Jobim, e Lenita Bruno o LP *Por Toda a Minha Vida*, de parcerias com Vinicius.

1960 – Grava a sua peça para a inauguração da nova capital brasileira: *Brasília – Sinfonia da Alvorada*, com recitativo de Vinicius.

1961 – Sai o LP *Brasília – Sinfonia da Alvorada*. Compõe a trilha sonora para o filme *Porto de Caixas*, de Paulo Cesar Saraceni.

1962 – Muda-se, com Thereza, para uma casa em Ipanema, na rua Barão da Torre. Em agosto, faz temporada de *shows* com Vinicius de Moraes, João Gilberto e Os Cariocas no restaurante Au Bon Gourmet, em Copacabana. Em novembro, viaja para os EUA, para um show da bossa nova promovido pelo Itamaraty no Carnegie Hall, em Nova York.

1963 – Grava e lança, nos EUA, o seu primeiro LP autoral: *The Composer of Desafinado Plays*.

1964 – Lança, ainda nos EUA, o segundo LP: *The Wonderful World of Antonio Carlos Jobim*. Em julho, volta ao Brasil e grava *Caymmi Visita Tom*. Viaja novamente para os EUA, em dezembro, para cuidar com Ray Gilbert das versões em inglês de suas músicas.

1965 – Grava e lança *A Certain Mr. Jobim*.

1966 – Em agosto, vai a Los Angeles para gravar o primeiro LP com Frank Sinatra. Depois de muita demora, as gravações são adiadas até o ano seguinte.

1967 – É lançado *Francis Albert Sinatra & Antonio Carlos Jobim*. Compõe a trilha sonora para o filme *Garota de Ipanema*, de Leon Hirszman.

1968 – A canção "Sabiá", em parceria com Chico Buarque, ganha o III Festival Internacional da Canção.

1969 – Compõe e grava a trilha sonora do filme *The Adventurers*, de Lewis Gilbert, em Londres.

1970 – Compõe a trilha sonora do filme *Tempo de Mar*, de Pedro de Moraes. Também grava e lança os LPs *Tide* e *Stone Flower*.

1971 – Compõe a trilha sonora para o filme *A Casa Assassinada*, de Paulo Cesar Saraceni. Frank Sinatra lança o segundo LP com canções de Jobim, *Sinatra & Company*.

1972 – Em maio de 1972 é lançado pelo periódico *O Pasquim* o "disco de bolso" *O Tom de Antonio Carlos Jobim e O Tal de João Bosco*, contendo apenas duas faixas: "Águas de Março", em seu primeiro registro e "Agnus Dei", primeira gravação de João Bosco e Aldir Blanco.

1973 – Grava e lança o LP *Matita Perê*. Nasce Daniel, primeiro neto, filho de Paulo Jobim.

1974 – Grava em Los Angeles o LP *Elis & Tom*. Lança o disco no Brasil no *show Elis & Tom*, no Teatro Bandeirantes de São Paulo.

1975 – Lança o LP *Urubu*.

1976 – Conhece a fotógrafa Ana Beatriz Lontra, sua segunda mulher. Nasce Dora, segunda neta, também filha de Paulo Jobim.

1978 – Lança com a cantora Miúcha o LP *Miúcha e Antonio Carlos Jobim*. Ainda neste ano Tom e Ana alugam casa no Jardim Botânico.

1979 – Lança o segundo LP com Miúcha, *Miúcha e Tom Jobim*. Morre Celso Frota Pessoa, seu padrasto. Nasce João Francisco, seu primeiro filho com Ana Lontra Jobim.

1980 – Lança o LP *Terra Brasilis*. Em 9 de julho morre Vinicius de Moraes.

1981 – Compõe a trilha sonora para o filme *Eu te Amo*, de Arnaldo Jabor.

1983 – Compõe as trilhas sonoras dos filmes *Gabriela*, de Bruno Barreto, e *Para Viver um Grande Amor*, de Miguel Faria, em parceria com Chico Buarque.

1984 – Cria a Banda Nova, com amigos e parentes: Paulo Jobim (violão), Danilo Caymmi (flauta e voz), Jacques Morelenbaum (*cello*), Tião Neto (baixo), Paulo Braga (bateria) e coro feminino formado por: Ana Jobim, Elizabeth Jobim, Paula Morelenbaum, Maucha Adnet e Simone Caymmi. Compõe e grava com a Banda Nova a trilha sonora para o seriado da TV Globo *O Tempo e o Vento*, baseada no romance de Érico Verissimo, com direção de Paulo José.

1985 – Em março, apresenta-se com sua banda no Carnegie Hall em Nova York. Em julho, Tom e a Banda Nova abrem o festival de Montreaux, na Suíça.

1986 – Casa-se com Ana.

1987 – Lança o LP *Passarim*. Nasce Maria Luíza Helena, sua quarta e última filha.

1989 – Morre sua mãe, Nilza.

1992 – Apresenta-se com a Banda Nova em Sevilha, e em Lisboa (no Mosteiro dos Jerónimos).

1993 – Grava um especial com Milton Nascimento para a TV Bandeirantes.

1994 – Lança o CD *Antonio Brasileiro*. Em abril apresenta-se no Carnegie Hall, em Nova York, com as participações de Pat Metheny e Herbie Hancock, entre outros. Em maio apresenta-se com a sua banda em Jerusalém. Participa, em outubro, com Paulo Jobim, da gravação da faixa "Fly Me to The Moon", do CD *Duets II*, com Frank Sinatra. No dia 8 de dezembro, morre Tom Jobim, aos 67 anos, no hospital Mount Sinai, em Nova York.

1956

1973

1974

1994

DISCOGRAFIA

1. SOLO

The Composer of "Desafinado" Plays (LP Verve, 1963/ LP Elenco, 1965/ CD Polygram, 1997)

A1. The Girl From Ipanema (Antonio Carlos Jobim / Vinicius de Moraes)
A2. Amor em Paz [Once I Loved] (Antonio Carlos Jobim / Vinicius de Moraes)
A3. Água de Beber (Antonio Carlos Jobim / Vinicius de Moraes)
A4. Vivo Sonhando [Dreamer] (Antonio Carlos Jobim)
A5. O Morro Não Tem Vez [AKA "Favela"] (Antonio Carlos Jobim / Vinicius de Moraes)
A6. Insensatez [How Insensitive] (Antonio Carlos Jobim / Vinicius de Moraes)
B1. Corcovado (Antonio Carlos Jobim / Vinicius de Moraes)
B2. Samba de Uma Nota só [One Note Samba] (Antonio Carlos Jobim / Newton Mendonça)
B3. Meditation (Antonio Carlos Jobim / Vinicius de Moraes)

B4. Só Danço Samba [Jazz Samba] (Antonio Carlos Jobim / Vinicius de Moraes)
B5. Chega de Saudade (Antonio Carlos Jobim / Vinicius de Moraes)
B6. Desafinado (Antonio Carlos Jobim / Newton Mendonça)

The Wonderful World of Antonio Carlos Jobim (LP Warner, 1964/ LP Elenco, 1965/ CD Warner, 2008)
A1. Ela é Carioca (Antonio Carlos Jobim / Aloysio de Oliveira)
A2. Água de Beber (Antonio Carlos Jobim / Vinicius de Moraes)
A3. Surfboard (Antonio Carlos Jobim)
A4. Useless Landscape [Inútil Paisagem] (Antonio Carlos Jobim / Aloysio de Oliveira / Ray Gilbert)
A5. Só Tinha de Ser Com Você (Antonio Carlos Jobim / Aloysio de Oliveira)
A6. A Felicidade (Antonio Carlos Jobim / Vinicius de Moraes)
B1. Bonita (Antonio Carlos Jobim / Ray Gilbert)
B2. O Morro Não Tem Vez (Antonio Carlos Jobim / Vinicius de Moraes)
B3. Valsa do Porto Das Caixas (Antonio Carlos Jobim)
B4. Samba do Avião (Antonio Carlos Jobim)
B5. Por Toda Minha Vida (Antonio Carlos Jobim / Vinicius de Moraes)
B6. Dindi (Jobim / Aloysio de Oliveira / Ray Gilbert)

A Certain Mr. Jobim (LP Warner, 1965/ CD Warner, 2007)
A1. Bonita (Antonio Carlos Jobim / Ray Gilbert)
A2. Se Todos Fossem Iguais a Você (Antonio Carlos Jobim / Vinicius de Moraes)

A3. Off Key [Desafinado] (Antonio Carlos Jobim / Newton Mendonça / Gene Lees)
A4. Photograph [Fotografia] (Antonio Carlos Jobim / Ray Gilbert)
A5. Surfboard (Antonio Carlos Jobim)
B1. Once Again [Outra Vez] (Antonio Carlos Jobim)
B2. I Was Just One More For You (Esperança Perdida) (Antonio Carlos Jobim / Billy Blanco / Ray Gilbert)
B3. Estrada do Sol (Antonio Carlos Jobim / Dolores Duran)
B4. Don't Ever go Away [Por Causa de Você] (Antonio Carlos Jobim / Dolores Duran / Ray Gilbert)
B5. Zingaro (Antonio Carlos Jobim)

Wave (LP A&M Records, 1967/ CD A&M Records, 1997)
A1. Wave (Antonio Carlos Jobim)
A2. The Red Blouse (Antonio Carlos Jobim)
A3. Look to The Sky (Antonio Carlos Jobim)
A4. Batidinha (Antonio Carlos Jobim)
A5. Triste (Antonio Carlos Jobim)
B1. Mojave (Antonio Carlos Jobim)
B2. Diálogo (Antonio Carlos Jobim)
B3. Lamento (Antonio Carlos Jobim)
B4. Antigua (Antonio Carlos Jobim)
B5. Captain Bacardi (Antonio Carlos Jobim)

Tide (LP A&M Records, 1970/ CD Polygram, 2000)
A1. The Girl From Ipanema [Garota de Ipanema] (Antonio Carlos Jobim / Vinicius de Moraes / Norman Gimbel)
A2. Carinhoso (Pixinguinha / João de Barro)
A3. Tema Jazz (Antonio Carlos Jobim)
A4. Sue Ann (Antonio Carlos Jobim)
A5. Remember (Antonio Carlos Jobim)
B1. Tide (Antonio Carlos Jobim)
B2. Takatanga (Antonio Carlos Jobim)

B3. Caribe (Antonio Carlos Jobim)
B4. Rockanalia (Antonio Carlos Jobim)

Stone Flower (LP CTI, 1970/ CD Sony, 2002)
Obs.: no CD existe o *bonus track*. "Brazil Alternate Take", com versão reduzida da faixa "Brazil".

A1. Tereza my Love (Antonio Carlos Jobim)
A2. Children's Games [Chovendo na Roseira] (Antonio Carlos Jobim)
A3. Choro (Antonio Carlos Jobim)
A4. Brazil [Aquarela do Brasil] (Ary Barroso)
B1. Stone Flower (Antonio Carlos Jobim)
B2. Amparo [Olha Maria] (Antonio Carlos Jobim)
B3. Andorinha (Antonio Carlos Jobim)
B4. God And The Devil in The Land of The Sun (Antonio Carlos Jobim)
B5. Sabiá (Antonio Carlos Jobim / Chico Buarque)

Matita Perê (LP Philips, 1973/ CD Polygram, 1997)
A1. Águas de Março (Antonio Carlos Jobim)
A2. Ana Luiza (Antonio Carlos Jobim)
A3. Matita Perê (Paulo Cesar Pinheiro / Antonio Carlos Jobim)
A4. Tempo do Mar (Antonio Carlos Jobim)
B1. The Mantiqueira Range (Paulo Jobim)
B2. Crônica da Casa Assassinada (Antonio Carlos Jobim):
a- Trem Para Cordisburgo (Antonio Carlos Jobim)
b- Chora Coração (Antonio Carlos Jobim / Vinicius de Moraes)
c- O Jardim Abandonado (Antonio Carlos Jobim)
d- Milagre e Palhaços (Antonio Carlos Jobim)
B3. Rancho Das Nuvens (Antonio Carlos Jobim)
B4. Nuvens Douradas (Antonio Carlos Jobim)

Urubu (LP Waner, 1975/ CD Warner, 2007)
A1. Bôto [Porpoise] (Antonio Carlos Jobim / Jararaca)
A2. Lígia (Antonio Carlos Jobim)
A3. Correnteza [The Stream] (Antonio Carlos Jobim / Luiz Bonfá)
A4. Angela (Antonio Carlos Jobim)
B1. Saudade do Brasil (Antonio Carlos Jobim)
B2. Valse (Paulo Jobim)
B3. Arquitetura de Morar [Architecture to Live] (Antonio Carlos Jobim)
B4. O Homem [Man] (Antonio Carlos Jobim)

Terra Brasilis (LP duplo Warner, 1980/ CD Warner, 1996)
A1 Dreamer [Vivo Sonhando] (Antonio Carlos Jobim)
A2. Canta Mais [Sing More] (Antonio Carlos Jobim / Vinicius de Moraes)
A3. Olha Maria [Amparo] (Antonio Carlos Jobim/ Chico Buarque)
A4. One Note Samba [Samba de Uma Nota Só] (Antonio Carlos Jobim / Newton Mendonça / Gene Lees)
A5. Dindi (Jobim / Aloysio de Oliveira / Ray Gilbert)
B1. Quiet Nights (Corcovado) (Antonio Carlos Jobim / Gene Lees)
B2. Marina Del Rey (Antonio Carlos Jobim)
B3. Desafinado (Off Key) (Antonio Carlos Jobim / Newton Mendonça / Gene Lees)
B4. Você Vai Ver [You'll See] (Antonio Carlos Jobim / Ana Jobim)
B5. Estrada do Sol [Road to The Sun] (Antonio Carlos Jobim / Vinicius de Moraes)
C1. The Girl From Ipanema [Garota de Ipanema] (Antonio Carlos Jobim / Vinicius de Moraes / Norman Gimbel)
C2. Double Rainbow [Chovendo na Roseira] (Antonio Carlos Jobim)
C3. Triste (Antonio Carlos Jobim)

C4. Wave [Onda] (Antonio Carlos Jobim)
C5. Someone to Light up my Life [Se Todos Fossem Iguais a Você] (Antonio Carlos Jobim / Vinicius de Moraes)
D1. Falando de Amor [Speaking of Love] (Antonio Carlos Jobim)
D2. Two Kites (Antonio Carlos Jobim)
original em inglês: Antonio Carlos Jobim
D3. Modinha [Serenade] (Antonio Carlos Jobim / Vinicius de Moraes)
D4. Sabiá [Song of The Sabiá] (Antonio Carlos Jobim / Chico Buarque / Norman Gimbel)
D5. Estrada Branca [This Happy Madness]

Passarim (LP Verve, 1987/ CD Polygram, 1992)
A1. Passarim (Antonio Carlos Jobim)
A2. Bebel (Antonio Carlos Jobim)
A3. Borzeguim (Antonio Carlos Jobim)
A4. Anos Dourados (Antonio Carlos Jobim / Chico Buarque)
A5. Isabella (Paulo Jobim / Gil Goldstein)
A6. Fascinatin' Rhythm (George & Ira Gershwin)
B1. Chansong (Antonio Carlos Jobim)
B2. Samba do Soho (Paulo Jobim / Ronaldo Bastos)
B3. Luiza (Antonio Carlos Jobim)
B4. Brasil Nativo (Danilo Caymmi / Paulo Cesar Pinheiro)
B5. Gabriela (Antonio Carlos Jobim)

Antonio Brasileiro (CD Som livre, 1994)
1. Só Danço Samba (Antonio Carlos Jobim / Vinicius de Moraes)
2. Piano na Mangueira (Antonio Carlos Jobim / Chico Buarque)
3. How Insensitive [Insensatez] (Antonio Carlos Jobim / Vinicius de Moraes / Norman Gimbel)
4. Querida (Antonio Carlos Jobim)
5. Surfboard (Antonio Carlos Jobim)

6. Samba de Maria Luiza (Antonio Carlos Jobim)
7. Forever Green (Antonio Carlos Jobim / Paulo Jobim)
8. Maracangalha (Dorival Caymmi)
9. Maricotinha (Dorival Caymmi)
10. Pato Preto (Antonio Carlos Jobim)
11. Meu Amigo Radamés (Antonio Carlos Jobim)
12. Blue Train [Trem Azul] (Lô Borges / Ronaldo Bastos / Antonio Carlos Jobim)
13. Radamés y Pelé (Antonio Carlos Jobim)
14. Chora Coração (Antonio Carlos Jobim / Vinicius de Moraes)
15. Trem de Ferro (Poema de Manuel Bandeira / Antonio Carlos Jobim)

2. COLABORAÇÕES

Sinfonia do Rio de Janeiro (LP Continental, 1954)
A1. Abertura (Antonio Carlos Jobim / Billy Blanco)
A2. Hino ao Sol (Antonio Carlos Jobim / Billy Blanco)
A3. Coisas do Dia (Antonio Carlos Jobim / Billy Blanco)
A4. Matei-me no Trabalho (Antonio Carlos Jobim/ Billy Blanco)
A5. Zona Sul (Antonio Carlos Jobim / Billy Blanco)
A6. Arpoador (Antonio Carlos Jobim / Billy Blanco)
B1. Noites do Rio (Antonio Carlos Jobim / Billy Blanco)
B2. O Mar (Antonio Carlos Jobim / Billy Blanco)
B3. A Montanha (Antonio Carlos Jobim / Billy Blanco)
B4. O Morro (Antonio Carlos Jobim / Billy Blanco)
B5. Descendo o Morro (Antonio Carlos Jobim / Billy Blanco)
B6. O Samba de Amanhã (Antonio Carlos Jobim / Billy Blanco)

Canção do Amor Demais **(LP Festa, 1958/CD Sony, 1999)**
Obs.: Tom Jobim participa como arranjador e pianista.

A1. Chega de Saudade (Antonio Carlos Jobim / Vinicius de Moraes)
A2. Serenata do Adeus (Vinicius de Moraes)
A3. As Praias Desertas (Antonio Carlos Jobim)
A4. Caminho de Pedra (Antonio Carlos Jobim / Vinicius de Moraes)
A5. Luciana (Antonio Carlos Jobim / Vinicius de Moraes)
A6. Janelas Abertas (Antonio Carlos Jobim / Vinicius de Moraes)
B1. Eu Não Existo Sem Você (Antonio Carlos Jobim / Vinicius de Moraes)
B2. Outra Vez (Antonio Carlos Jobim)
B3. Medo de Amar (Vinicius de Moraes)
B4. Estrada Branca (Antonio Carlos Jobim / Vinicius de Moraes)
B5. Vida Bela (Antonio Carlos Jobim / Vinicius de Moraes)
B6. Modinha (Antonio Carlos Jobim / Vinicius de Moraes)
B7. Canção do Amor Demais (Antonio Carlos Jobim / Vinicius de Moraes)

Chega de Saudade **(Odeon, 1959)**
Obs.: Tom Jobim participa como diretor musical, arranjador e pianista.

A1. Chega de Saudade (Antonio Carlos Jobim / Vinicius de Moraes)
A2. Lobo Bobo (Carlos Lyra / Ronaldo Boscoli)
A3. Brigas, Nunca Mais (Antonio Carlos Jobim / Vinicius de Moraes)
A4. Ho-bá-lá-lá (João Gilberto)
A5. Saudade Fez um Samba (Carlos Lyra / Ronaldo Boscoli)

A6. Maria Ninguém (Carlos Lyra)
B1. Desafinado (Antonio Carlos Jobim / Newton Mendonça)
B2. Rosa Morena (Dorival Caymmi)
B3. Morena Boca de Ouro (Ary Barroso)
B4. Bim Bom (João Gilberto)
B5. Aos Pés da Cruz (Marino Pinto / Zé Gonçalves)
B6. É Luxo só (Ary Barroso / Luiz Peixoto)

O Amor, o Sorriso e a Flor (LP Odeon, 1960)
Obs.: Tom Jobim participa como diretor musical, arranjador e pianista.

A1. Samba de Uma Nota só (Antonio Carlos Jobim / Newton Mendonça)
A2. Doralice (A. Almeida / Dorival Caymmi)
A3. Só em Teus Braços (Antonio Carlos Jobim)
A4. Trevo de Quatro Folhas (M. Dixon / H. Woods / versão de Nilo Sergio)
A5. Se é Tarde me Perdoa (Carlos Lyra / Ronaldo Boscoli)
A6. Um Abraço no Bonfá (João Gilberto)
B1. Meditação (Antonio Carlos Jobim / Newton Mendonça)
B2. O Pato (Jayme Silva / Neuza Teixeira)
B3. Corcovado (Antonio Carlos Jobim)
B4. Discussão (Antonio Carlos Jobim / Newton Mendonça)
B5. Amor Certinho (Roberto Guimarães)
B6. Outra Vez (Antonio Carlos Jobim)

João Gilberto (LP Odeon, 1961)
Obs.: nas faixas "O Barquinho", "Amor em Paz", "Coisa Mais Linda" e "Insensatez", Tom Jobim atua como arranjador e regente.

A1. Samba da Minha Terra (Dorival Caymmi)
A2. O Barquinho (Roberto Menescal / Ronaldo Boscoli)

A3. Bolinha de Papel (Geraldo Pereira)
A4. Saudade da Bahia (Dorival Caymmi)
A5. A PrimeiraVez (Bide / Marçal)
A6. O Amor em Paz (Antonio Carlos Jobim / Vinicius de Moraes)
B1.Você e eu (Carlos Lyra / Vinicius de Moraes)
B2.Trem de Ferro [Trenzinho] (Lauro Maia)
B3. Coisa Mais Linda (Carlos Lyra / Vinicius de Moraes)
B4. Presente de Natal (Nelcy Noronha)
B5. Insensatez (Antonio Carlos Jobim / Vinicius de Moraes)
B6. Este Seu Olhar (Antonio Carlos Jobim)

Brasília – Sinfonia da Alvorada **(LP Columbia, 1961)**
Obs.: Composição de Antonio Carlos Jobim e recitativo de Vinicius de Moares.

I – O Planalto Deserto
II – O Homem
III – A Chegada Dos Candangos
IV – O Trabalho e a Construção
V – Coral

Getz/Gilberto **(LP Verve, 1963)**
Obs.:Tom Jobim participa como arranjador e pianista.

A1.The Girl From Ipanema (Antonio Carlos Jobim / Vinicius de Moraes)
A2. Doralice (A.Almeida / Dorival Caymmi)
A3. Pra Machucar Meu Coração (Ary Barroso)
A4. Desafinado (Antonio Carlos Jobim / Newton Mendonça)
B1. Corcovado (Antonio Carlos Jobim)
B2. Só Danço Samba (Antonio Carlos Jobim / Vinicius de Moraes)
B3. O Grande Amor (Antonio Carlos Jobim / Vinicius de Moraes)
B4.Vivo Sonhando (Antonio Carlos Jobim)

Caymmi Visita Tom (LP Elenco, 1965)
A1. Das Rosas (Dorival Caymmi)
A2. Só Tinha de Ser Com Você (Antonio Carlos Jobim / Aloysio de Oliveira)
A3. Inútil Paisagem (Antonio Carlos Jobim / Aloysio de Oliveira)
A4. Vai de Vez (Menescal / Lula Freire)
B1. Saudades da Bahia (Dorival Caymmi)
B2. Tristeza de Nós Dois (Durval Ferreira / Bebeto / Mauricio Einhorn)
B3. Berimbau (Baden / Vinicius)
B4. Sem Você (Antonio Carlos Jobim / Vinicius de Moraes)
B5. Canção da Noiva (Dorival Caymmi)

Francis Albert Sinatra & Antonio Carlos Jobim (LP Reprise, 1967)
A1- The Girl From Ipanema [Garota de Ipanema] (Antonio Carlos Jobim / Vinicius de Moraes / Norman Gimbel)
A2. Dindi (Antonio Carlos Jobim / Aloysio de Oliveira / Ray Gilbert)
A3. Change Partners (Irving Berlin)
A4. Quiet Nights of Quiet Stars [Corcovado] (Antonio Carlos Jobim / Gene Lees)
A5. Meditation [Meditação] (Antonio Carlos Jobim / Newton Mendonça / Norman Gimbel)
A6. If You Never Come to Me (Antonio Carlos Jobim / Aloysio de Oliveira / Ray Gilbert)
B1. How Insensitive (Antonio Carlos Jobim / Vinicius de Moraes / Norman Gimbel)
B2. I Concentrate on You (Cole Porter)
B3. Baubles, Bangles and Beads (Wright / Forrest)
B4. Once I Loved [O Amor em Paz] (Antonio Carlos Jobim / Vinicius de Moraes / Ray Gilbert)

Sinatra & Company (1971)
A1. Drinking Water [Água de Beber]
(Antonio Carlos Jobim / Vinicius de Moraes / Norman Gimbel)

A2. Someone to Light up my Life [Se Todos Fossem Iguais a Você]
(Antonio Carlos Jobim / Vinicius de Moraes / Gene Lees)
A3. Triste (Antonio Carlos Jobim)
A4. Don't Ever go Away [Por Causa de Você] (Antonio Carlos Jobim / Dolores Duran / Ray Gilbert)
A5. This Happy Madness [Estrada Branca] (Antonio Carlos Jobim / Vinicius de Moraes / Gene Lees)
A6. Wave (Antonio Carlos Jobim)
A7. One Note Samba [Samba de Uma Nota só] (Antonio Carlos Jobim / Newton Mendonça / Ray Gilbert)
B1. I Will Drink The Wine (Paul Ryan)
B2. Close to You (Hal David / Burt Bacharach)
B3. Sunrise in The Morning (Paul Ryan)
B4. Bein' Green (Joe Raposo)
B5. My Sweet Lady (John Denver)
B6. Leaving on a Jet Plane (John Denver)
B7. Lady Day (Bob Gaudio / Jake Holmes)

Elis e Tom (LP Philips, 1974/CD Trama, 2004)
A1. Águas de Março (Antonio Carlos Jobim)
A2. Pois é (Antonio Carlos Jobim / Chico Buarque)
A3. Só Tinha de Ser Com Você (Antonio Carlos Jobim / Aloysio de Oliveira)
A4. Modinha (Antonio Carlos Jobim / Vinicius de Moraes)
A5. Triste (Antonio Carlos Jobim)
A6. Corcovado (Antonio Carlos Jobim)
A7. O Que Tinha de Ser (Antonio Carlos Jobim / Vinicius de Moraes)
B1. Retrato em Branco e Preto (Antonio Carlos Jobim / Chico Buarque)
B2. Brigas, Nunca Mais (Antonio Carlos Jobim / Vinicius de Moraes)
B3. Por Toda a Minha Vida (Antonio Carlos Jobim / Vinicius de Moraes)
B4. Fotografia (Antonio Carlos Jobim)

B5. Soneto de Separação (Antonio Carlos Jobim / Vinicius de Moraes)
B6. Chovendo na Roseira (Antonio Carlos Jobim)
B7. Inútil Paisagem (Antonio Carlos Jobim / Aloysio de Oliveira)

Miúcha e Antonio Carlos Jobim **(LP RCA Victor, 1977/ CD BMG, 2001)**
A1. Vai Levando (Caetano Veloso / Chico Buarque)
A2. Tiro Cruzado (Márcio Borges / Nelson Ângelo)
A3. Comigo é Assim (José Menezes / Luiz Bittencourt)
A4. Na Batucada da Vida (Ary Barroso / Luiz Peixoto)
A5. Sei lá (A Vida Tem Sempre Razão) (Toquinho / Vinicius de Moraes)
A6. Olhos Nos Olhos (Chico Buarque)
B1. Pela Luz Dos Olhos Teus (Vinicius de Moraes)
B2. Samba do Avião (Antonio Carlos Jobim)
B3. Saia do Caminho (Evaldo Ruy / Custódio Mesquita)
B4. Maninha (Chico Buarque)
B5. Choro de Nada (Eduardo Souto Neto / Geraldo Carneiro)
B6. É Preciso Dizer Adeus (Antonio Carlos Jobim / Vinicius de Moraes)

Miúcha e Tom Jobim **(LP RCA Victor, 1979/ CD BMG, 2001)**
A1. Turma do Funil (Milton de Oliveira / Adpt° Antonio Carlos Jobim / Urgel de Castro / Chico Buarque / Mirabeau)
A2. Triste Alegria (Miúcha)
A3. Aula de Matemática (Marino Pinto / Antonio Carlos Jobim)
A4. Sublime Tortura (Bororó)
A5. Madrugada (Candinho / Marino Pinto)
B1. Samba do Carioca (Carlos Lyra / Vinicius de Moraes)

B2. Falando de Amor (Antonio Carlos Jobim)
B3. Nó Cego (Cacaso / Toquinho)
B4. Dinheiro em Penca (Cacaso / Antonio Carlos Jobim)

Edu e Tom (LP Polygram, 1981)
A1. Ai, Quem me Dera (Antonio Carlos Jobim / Marino Pinto)
A2. Pra Dizer Adeus (Edu Lobo / Torquato Neto)
A3. Chovendo na Roseira (Antonio Carlos Jobim)
A4. Moto-contínuo (Edu Lobo / Chico Buarque)
A5. Angela (Antonio Carlos Jobim)
B1. Luiza (Antonio Carlos Jobim)
B2. Canção do Amanhecer (Edu Lobo / Vinicius de Moraes)
B3. Vento Bravo (Edu Lobo / Paulo César Pinheiro)
B4. É Preciso Dizer Adeus (Antonio Carlos Jobim / Vinicius de Moraes)
B5. Canto Triste (Edu Lobo / Vinicius de Moraes)

3. TRILHAS SONORAS

O Pequeno Príncipe (LP Festa, 1957/ CD Tratore, 2006)

Obs.: Tom Jobim compôs a música que acompanha a interpretação dos seguintes personagens e respectivos atores:

O Autor – Paulo Autran
O Pequeno Príncipe – Gloria Cometh
O Acendedor de Lampiões – Oswaldo Loureiro Filho
A Serpente – Margarida Rey
A Raposa – Benedito Corsi
A Rosa – Auri Cahet

Orfeu da Conceição (LP Odeon, 1956)
A1. Ouverture (Antonio Carlos Jobim)

B1. Um Nome de Mulher (Antonio Carlos Jobim / Vinicius de Moraes)
B2. Se Todos Fossem Iguais a Você (Antonio Carlos Jobim / Vinicius de Moraes)
B3. Mulher, Sempre Mulher (Antonio Carlos Jobim / Vinicius de Moraes)
B4. Eu e o Meu Amor (Antonio Carlos Jobim / Vinicius de Moraes)
B5. Lamento no Morro (Antonio Carlos Jobim / Vinicius de Moraes)

The Adventurers (LP Trilha sonora do filme da Paramount Pictures, 1970)
A1. Main Title (Antonio Carlos Jobim)
A2. Children's Games (Antonio Carlos Jobim)
A3. Rome Montage (Antonio Carlos Jobim)
A4. Bolero (Antonio Carlos Jobim)
A5. Dax Rides (Antonio Carlos Jobim)
A6. Dax & Amparo (Love Theme) (Antonio Carlos Jobim)
B1. Corteguay (Eumir Deodato)
B2. Search for Amparo (Antonio Carlos Jobim)
B3. That Old Black Magic (Johnny Mercer / Harold Arlen)
B4. Bitter Victory (Antonio Carlos Jobim)
B5. El Lobo's Band (Eumir Deodato)
B6. A Bed of Flowers For Sue Ann (Antonio Carlos Jobim)

Gabriela (LP RCA, 1983)
A1. Chegada dos Retirantes (Antonio Carlos Jobim)
A2. Tema de Amor de Gabriela (Antonio Carlos Jobim)
A3. Pulando Carniça (Antonio Carlos Jobim)
A4. Pensando na Vida (Antonio Carlos Jobim)
A5. Casório (Antonio Carlos Jobim)
B1. Origens (Antonio Carlos Jobim)
B2. Ataque dos Jagunços (Antonio Carlos Jobim)

B3. Caminho da Mata (Antonio Carlos Jobim)
B4. Ilhéus (Antonio Carlos Jobim)
B5. Tema de Amor de Gabriela (versão completa) (Antonio Carlos Jobim)

O Tempo e o Vento (LP Som Livre, 1985)
A1. Introdução (Antonio Carlos Jobim)
A2. O Tempo e o Vento [Passarim] (Antonio Carlos Jobim)
A3. Chanson Pour Michelle (Antonio Carlos Jobim)
A4. Rodrigo Meu Capitão (Antonio Carlos Jobim / Ronaldo Bastos)
A5. Um Certo Capitão Rodrigo (Antonio Carlos Jobim / Ronaldo Bastos)
A6. Minuano (Sadi Cardoso)
B1. O Tempo e o Vento [Passarim] (Antonio Carlos Jobim)
B2. Bangzália (Antonio Carlos Jobim)
B3. Senhora Dona Bibiana (Antonio Carlos Jobim / Ronaldo Bastos)
B4. Querência – Boi Barroso (Domínio Público – adaptação de Tasso Bangel)
B5. O Tempo e o Vento [Passarim] (Antonio Carlos Jobim)

4. PÓSTUMOS

Tom Canta Vinicius (CD Jobim Music/Universal 2000)
Obs.: Gravado ao vivo no Centro Cultural Banco do Brasil, Rio de Janeiro, em janeiro de 1990, no projeto "Ciclo Vinicius de Moraes – Meu Tempo é Quando"

1. Soneto de Separação (Antonio Carlos Jobim / Vinicius de Moraes)
2. Valsa de Eurídice (Vinicius de Moraes)
3. Serenata do Adeus (Vinicius de Moraes)
4. Medo de Amar (Vinicius de Moraes)

5. Insensatez (Antonio Carlos Jobim / Vinicius de Moraes)
6. Poética (Vinicius de Moraes)
7. Eu Não Existo Sem Você (Antonio Carlos Jobim / Vinicius de Moraes)
8. Derradeira Primavera (Antonio Carlos Jobim / Vinicius de Moraes)
9. Modinha (Antonio Carlos Jobim / Vinicius de Moraes)
10. Eu Sei Que Vou te Amar (Antonio Carlos Jobim / Vinicius de Moraes)
11. Carta ao Tom / Carta do Tom (Toquinho / Vinicius de Moraes / Antonio Carlos Jobim / Chico Buarque)
12. A Felicidade (Antonio Carlos Jobim / Vinicius de Moraes)
13. Você e eu (Antonio Carlos Jobim / Vinicius de Moraes)
14. Samba do Carioca (Carlos Lyra / Vinicius de Moraes)
15. Ela é Carioca (Antonio Carlos Jobim / Vinicius de Moraes)
16. Garota de Ipanema (Antonio Carlos Jobim / Vinicius de Moraes)
17. Pela Luz Dos Olhos Teus (Vinicius de Moraes)

Tom Jobim Inédito (CD Biscoito Fino, 2005)
Obs.: Gravado em 1987 para um projeto especial da empresa Odebrecht e relançado comercialmente pela Biscoito Fino.

1. Wave – Vou te Contar (Antonio Carlos Jobim)
2. Chega de Saudade (Antonio Carlos Jobim / Vinicius de Moraes)
3. Sabiá (Antonio Carlos Jobim / Chico Buarque)
4. Samba do Avião (Antonio Carlos Jobim)
5. Garota de Ipanema (Antonio Carlos Jobim / Vinicius de Moraes)
6. Retrato em Branco e Preto (Antonio Carlos Jobim / Chico Buarque)
7. Modinha – Seresta Nº 5 (Heitor Villa-Lobos / Manuel Bandeira)

8. Modinha (Antonio Carlos Jobim / Vinicius de Moraes)
9. Canta, Canta Mais (Antonio Carlos Jobim / Vinicius de Moraes)
10. Eu Não Existo Sem Você (Antonio Carlos Jobim / Vinicius de Moraes)
11. Por Causa de Você (Antonio Carlos Jobim / Dolores Duran)
12. Sucedeu Assim (Antonio Carlos Jobim / Marino Pinto)
13. Imagina (Antonio Carlos Jobim / Chico Buarque)
14. Eu Sei Que Vou te Amar (Antonio Carlos Jobim / Vinicius de Moraes)
15. Canção do Amor Demais (Antonio Carlos Jobim / Vinicius de Moraes)
16. Falando de Amor (Antonio Carlos Jobim)
17. Inútil Paisagem (Tom Jobim / Aloísio de Oliveira)
18. Derradeira Primavera (Antonio Carlos Jobim / Vinicius de Moraes)
19. Canção em Modo Menor (Antonio Carlos Jobim / Vinicius de Moraes)
20. Estrada do Sol (Antonio Carlos Jobim / Dolores Duran)
21. Águas de Março (Antonio Carlos Jobim)
22. Samba de Uma Nota só (Antonio Carlos Jobim / Newton Mendonça)
23. Desafinado (Antonio Carlos Jobim / Newton Mendonça)
24. A Felicidade (Antonio Carlos Jobim / Vinicius de Moraes)

Antonio Carlos Jobim ao Vivo em Minas – Piano e Voz **(CD Biscoito Fino, 2006)**
Gravado ao vivo em 1981 no Palácio das Artes de Belo Horizonte.

1. Desafinado (Antonio Carlos Jobim / Newton Mendonça)
2. Samba de Uma Nota só (Antonio Carlos Jobim / Newton Mendonça)

3. Por Causa de Você (Antonio Carlos Jobim / Dolores Duran)
4. Água de Beber (Antonio Carlos Jobim / Vinicius de Moraes)
5. Estrada do Sol (Antonio Carlos Jobim / Dolores Duran)
6. Se Todos Fossem Iguais a Você / Estrada do Sol (Antonio Carlos Jobim / Vinicius de Moraes)
7. Eu Não Existo Sem Você (Antonio Carlos Jobim / Vinicius de Moraes)
8. Eu Sei Que Vou te Amar (Antonio Carlos Jobim / Vinicius de Moraes)
9. Modinha (Antonio Carlos Jobim / Vinicius de Moraes)
10. Chega de Saudade (Antonio Carlos Jobim / Vinicius de Moraes)
11. Dindi (Antonio Carlos Jobim / Aloysio de Oliveira)
12. Eu Preciso de Você (Antonio Carlos Jobim / Aloysio de Oliveira)
13. Retrato em Branco e Preto (Antonio Carlos Jobim / Chico Buarque)
14. Corcovado (Antonio Carlos Jobim)
15. Ligia (Antonio Carlos Jobim)
16. Falando de Amor (Antonio Carlos Jobim)
17. Águas de Março (Antonio Carlos Jobim)
18. Garota de Ipanema (Antonio Carlos Jobim / Vinicius de Moraes)

BIBLIOGRAFIA

1. OBRAS DE TOM JOBIM

Cancioneiro Jobim – Obras Completas. Org. Paulo Jobim. Rio de Janeiro: Jobim Music, 5 volumes, 2001.

————, *Cancioneiro Jobim – Obras Escolhidas*. Org. Paulo Jobim. Rio de Janeiro: Jobim Music/Casa da Palavra, 2000.

Songbook Tom Jobim. Org. Almir Chediak. Rio de Janeiro: Lumiar, 3 volumes.

Tom e Ana Jobim, *Ensaio Poético*. Rio de Janeiro: Jobim Music, 2003.

————, *Toda a Minha Obra É Inspirada na Mata Atlântica*. Rio de Janeiro: Jobim Music, 2001.

————, *Visão do Paraíso*. Rio de Janeiro: Editora Index, 1999.

Tom Jobim, "Tom Visita Caymmi". Em: Almir Chediak (org.), *Songbook Dorival Caymmi*. Rio de Janeiro: Lumiar Editora, s/d.

Tom Jobim, "Carta ao Chico". Em: *Chico Buarque, Letra e Música*. São Paulo: Companhia das Letras, 1989.

2. LIVROS, ARTIGOS E TESES SOBRE TOM JOBIM

Rodrigo Barbosa, "Para Jobim, Brasil Tem Mania de Miséria". *Folha de S. Paulo*, 10/10/1991.

Sérgio Cabral, *Antônio Carlos Jobim: Uma Biografia*. Rio de Janeiro: Lumiar, 1997.

Fábio Luiz Caramuru, *Aspectos da Interpretação Pianística na Obra de Antonio Carlos Jobim*. Dissertação de Mestrado. ECA-USP. São Paulo, 2000.

Helena Jobim, *Antonio Carlos Jobim, um Homem Iluminado*. Rio de Janeiro: Nova Fronteira, 1996.

Frank Michael Carlos Kuehn, *Antonio Carlos Jobim, a Sinfonia do Rio de Janeiro e a Bossa Nova: Caminho Para a Construção de Uma Linguagem Musical*. Dissertação de Mestrado em Musicologia. Centro de Letras e Artes da Universidade Federal do Rio de Janeiro. Rio de Janeiro, 2004.

Lorenzo Mammì, "Prefácio". Em: *Cancioneiro Jobim – Obras Escolhidas*. Rio de Janeiro: Jobim Music/Casa da Palavra, 2000.

Lorenzo Mammì, Arthur Nestrovski e Luiz Tatit, *Três Canções de Tom Jobim*. São Paulo: CosacNaify, 2004.

Arthur Nestrovski, "Tom, o Arquiteto do Mínimo". Caderno especial para os 50 anos da Bossa Nova. *Folha de S. Paulo*, 10/7/08.

Walter Silva, "Tom Jobim – a Última Entrevista e Fotos do Maestro". Em: *Revista Qualis*. Rio de Janeiro, 30/11/1994.

Tárik de Souza, *Tons Sobre Tom*. Rio de Janeiro: Revan, 1995.

Paulo José de Siqueira Tiné, *Três Compositores da Música Popular do Brasil: Pixinguinha, Garoto e Tom Jobim. Uma Análise Comparativa Que Abrange o Período do Choro à Bossa Nova*. Dissertação de Mestrado, ECA-USP. São Paulo, 2001.

Caetano Veloso, *Press Release* do CD *Antonio Brasileiro* (1994). Também publicado no caderno especial da *Folha de S. Paulo* sobre a morte de Tom Jobim, em 9/12/1994; p. A-8.

Zuenir Ventura (entrevistas), *3 Antonios e 1 Jobim*. Rio de Janeiro: Relume Dumará, 1998.

José Miguel Wisnik, "A Sinfonia Que Quer Ser Canção". *Folha de S. Paulo*, 9/12/1994; p. A3.

―――――, "Tom, João e Mendonça: A Santíssima Trindade". *Última Hora*, 2/10/1974. Em: *Sem Receita – Ensaios e Canções*. São Paulo: Publifolha, 2004.

2. OUTRAS OBRAS

Mário de Andrade, *Ensaio Sobre a Música Brasileira*. São Paulo: Ed. Livraria Martins, 1962.

Valdinha Barbosa & Anne Marie Devos, *Radamés Gnatalli, o Eterno Experimentador*. Rio de Janeiro: MEC/FUNARTE, 1984.

Cláudio Bojunga, *JK, o Artista do Impossível*. Rio de Janeiro: Objetiva, 2001.

Augusto de Campos, *Balanço da Bossa e Outras Bossas*. São Paulo: Perspectiva, 5ª edição, 1993.

José Castelo, *Livro de Letras de Vinicius de Moraes*. São Paulo: Companhia das Letras, 1991.

Ruy Castro, *Chega de Saudade: a História e as Histórias da Bossa Nova*. São Paulo: Companhia das Letras, 1999.

―――――, *A Onda Que se Ergueu no Mar: Novos Mergulhos na Bossa Nova*. São Paulo: Companhia das Letras, 2001.

―――――, *Carmen*. São Paulo: Companhia das Letras, 2005.

Walter Garcia, *Bim Bom: a Contradição Sem Conflitos de João Gilberto*. São Paulo: Paz e Terra, 1999.

José Estevam Gava, *A Linguagem Harmônica da Bossa Nova*. São Paulo: Unesp, 2002.

Alcir Lenharo, *Cantores do Rádio: a Trajetória de Nora Ney e Jorge Goulart e o Meio Artístico de Seu Tempo*. Campinas: Editora da Unicamp, 1995.

Lorenzo Mammì, "João Gilberto e o Projeto Utópico da Bossa Nova". Em: *Novos Estudos CEBRAP*, nº 34, nov. 1992; pp. 63-70.

Lorenzo Mammì, "Uma Promessa Ainda Não Cumprida". *Folha de S. Paulo*, "Mais!", 10/12/00.

Marcos Napolitano, *Seguindo a Canção: Engajamento Político e Indústria Cultural na Trajetória da Música Popular Brasileira (1959/1969)*. Tese de doutorado, 2 vols., FFLCH/USP, 1998.

Arthur Nestrovski, *Notas Musicais: do Barroco ao Jazz*. São Paulo: Publifolha, 2000.

Renato Ortiz, *A Moderna Tradição Brasileira: Cultura Brasileira e Indústria Cultural*. São Paulo: Brasiliense, 1988.

Adalberto Paranhos, "Novas Bossas e Velhos Argumentos (Tradição e Contemporaneidade na MPB)". Em: *Revista História e Perspectivas*, Uberlândia, nº 3, jul./dez., 1990, pp. 5-111.

Jairo Severiano e Zuza Homem de Mello, *A Canção no Tempo: 85 anos de Músicas Brasileiras*. São Paulo: Editora 34, 1997.

Luiz Tatit, *Semiótica da Canção – Melodia e Letra*. São Paulo: Escuta, 1994.

―――――, *O Cancionista: Composição de Canções no Brasil*. São Paulo: Edusp, 1996.

―――――, *Todos Entoam. Ensaios, Conversas e Canções*. São Paulo: Publifolha, 2007.

José Ramos Tinhorão, *História Social da Música Popular Brasileira*. São Paulo: Editora 34, 1998.

―――――, *Música Popular: um Tema em Debate*. 3ª edição. São Paulo: Editora 34, 1997.

David Treece, "A Flor e o Canhão: A Bossa Nova e a Música de Protesto no Brasil (1958/1968)". *História Questões & Debates*, Curitiba, nº 32; pp. 121-165, jan./jun., 2000. Editora da UFPR.

Caetano Veloso, *Verdade Tropical*. São Paulo: Companhia das Letras, 1997.

José Miguel Wisnik, *Sem Receita – Ensaios e Canções*. São Paulo: Publifolha, 2004.

3. FILMES E DVDS

Roda Viva – Tom Jobim 1993 (Cultura Marcas, 2005). DVD com a entrevista de Tom Jobim no programa *Roda Viva* da TV Cultura em 1993.

Tom e a Bossa Nova (1993), documentário dirigido por Walter Salles Jr.

Jobim Sinfônico (Biscoito Fino, 2004). DVD com a gravação das composições sinfônicas de Tom Jobim pela OSESP, sob regência de Roberto Minczuk.

Tom Jobim ao Vivo em Montreal (Biscoito Fino, 2005). DVD mostra o maestro à frente da Banda Nova no Festival Internacional de Jazz do Canadá, em 1986.

Maestro Soberano – Tom Jobim (Biscoito Fino, 2006). Caixa com documentário em três partes, realizado por Roberto de Oliveira, comemora os 80 anos de Antonio Carlos Jobim. Contém os DVDs *Ela é Carioca*, *Águas de Março* e *Chega de Saudade*.

A Casa de Tom – Mundo, Monde, Mondo (Biscoito Fino, 2008). Filme de Ana Jobim conta a história de amor de Antonio Carlos Jobim com a música, a família e a natureza.

4. SITES

http://www.acjobim.org.br
http://www.tomjobim.com.br
http://www.jobim.org.br

AGRADECIMENTOS

A Carlos Machado Filho, Theóphilo Augusto Pinto, Matthieu Rougé, Thiago Cury, Marcos Azambuja, Sergia Percassi, Mariana Bacan e, especialmente, a Vadim Nikitin, Luah Guimarães, José Miguel Wisnik, Guilherme Wisnik, José Luiz Herencia, José Geraldo Vinci de Moraes, Júlia Duarte e Arthur Nestrovski.

SOBRE O AUTOR

Cacá Machado é compositor, historiador e professor da graduação e pós-graduação *lato sensu* na Faculdade de Comunicação Social da Universidade Anhembi Morumbi (São Paulo). Doutor pela FFLCH-USP, na área de música e literatura, é autor do livro *O Enigma do Homem Célebre: Ambição e Vocação de Ernesto Nazareth* (São Paulo: Instituto Moreira Salles, 2007). Compõe música para televisão (série "O Valor do Amanhã", no programa *Fantástico*, da Rede Globo, 2007, entre outros), cinema (o documentário de longa-metragem *O Risco – Lúcio Costa e a Utopia Moderna*, 2002, entre outros) e teatro (*Um Bonde Chamado Desejo*, direção de Cibele Forjaz, 2001, entre outros).

FOLHA
EXPLICA

1 MACACOS — Drauzio Varella
2 OS ALIMENTOS TRANSGÊNICOS — Marcelo Leite
3 CARLOS DRUMMOND DE ANDRADE — Francisco Achcar
4 A ADOLESCÊNCIA — Contardo Calligaris
5 NIETZSCHE — Oswaldo Giacoia Junior
6 O NARCOTRÁFICO — Mário Magalhães
7 O MALUFISMO — Mauricio Puls
8 A DOR — João Augusto Figueiró
9 CASA-GRANDE & SENZALA — Roberto Ventura
10 GUIMARÃES ROSA — Walnice Nogueira Galvão
11 AS PROFISSÕES DO FUTURO — Gilson Schwartz
12 A MACONHA — Fernando Gabeira
13 O PROJETO GENOMA HUMANO — Mônica Teixeira
14 A INTERNET — Maria Ercilia e Antônio Graeff
15 2001: UMA ODISSÉIA NO ESPAÇO — Amir Labaki

16 A CERVEJA	Josimar Melo
17 SÃO PAULO	Raquel Rolnik
18 A AIDS	Marcelo Soares
19 O DÓLAR	João Sayad
20 A FLORESTA AMAZÔNICA	Marcelo Leite
21 O TRABALHO INFANTIL	Ari Cipola
22 O PT	André Singer
23 O PFL	Eliane Cantanhêde
24 A ESPECULAÇÃO FINANCEIRA	Gustavo Patú
25 JOÃO CABRAL DE MELO NETO	João Alexandre Barbosa
26 JOÃO GILBERTO	Zuza Homem de Mello
27 A MAGIA	Antônio Flávio Pierucci
28 O CÂNCER	Riad Naim Younes
29 A DEMOCRACIA	Renato Janine Ribeiro
30 A REPÚBLICA	Renato Janine Ribeiro
31 RACISMO NO BRASIL	Lilia Moritz Schwarcz
32 MONTAIGNE	Marcelo Coelho
33 CARLOS GOMES	Lorenzo Mammi
34 FREUD	Luiz Tenório Oliveira Lima
35 MANUEL BANDEIRA	Murilo Marcondes de Moura
36 MACUNAÍMA	Noemi Jaffe
37 O CIGARRO	Mario Cesar Carvalho
38 O ISLÃ	Paulo Daniel Farah
39 A MODA	Erika Palomino

40	ARTE BRASILEIRA HOJE	Agnaldo Farias
41	A LINGUAGEM MÉDICA	Moacyr Scliar
42	A PRISÃO	Luís Francisco Carvalho Filho
43	A HISTÓRIA DO BRASIL NO SÉCULO 20 (1900-1920)	Oscar Pilagallo
44	O MARKETING ELEITORAL	Carlos Eduardo Lins da Silva
45	O EURO	Silvia Bittencourt
46	A CULTURA DIGITAL	Rogério da Costa
47	CLARICE LISPECTOR	Yudith Rosenbaum
48	A MENOPAUSA	Silvia Campolim
49	A HISTÓRIA DO BRASIL NO SÉCULO 20 (1920-1940)	Oscar Pilagallo
50	MÚSICA POPULAR BRASILEIRA HOJE	Arthur Nestrovski (org.)
51	OS SERTÕES	Roberto Ventura
52	JOSÉ CELSO MARTINEZ CORRÊA	Aimar Labaki
53	MACHADO DE ASSIS	Alfredo Bosi
54	O DNA	Marcelo Leite
55	A HISTÓRIA DO BRASIL NO SÉCULO 20 (1940-1960)	Oscar Pilagallo
56	A ALCA	Rubens Ricupero
57	VIOLÊNCIA URBANA	Paulo Sérgio Pinheiro e Guilherme Assis de Almeida
58	ADORNO	Márcio Seligmann-Silva

59	OS CLONES	Marcia Lachtermacher-Triunfol
60	LITERATURA BRASILEIRA HOJE	Manuel da Costa Pinto
61	A HISTÓRIA DO BRASIL NO SÉCULO 20 (1960-1980)	Oscar Pilagallo
62	GRACILIANO RAMOS	Wander Melo Miranda
63	CHICO BUARQUE	Fernando de Barros e Silva
64	A OBESIDADE	Ricardo Cohen e Maria Rosária Cunha
65	A REFORMA AGRÁRIA	Eduardo Scolese
66	A ÁGUA	José Galizia Tundisi e Takako Matsumura Tundisi
67	CINEMA BRASILEIRO HOJE	Pedro Butcher
68	CAETANO VELOSO	Guilherme Wisnik
69	A HISTÓRIA DO BRASIL NO SÉCULO 20 (1980-2000)	Oscar Pilagallo
70	DORIVAL CAYMMI	Francisco Bosco
71	VINICIUS DE MORAES	Eucanaã Ferraz
72	OSCAR NIEMEYER	Ricardo Ohtake
73	LACAN	Vladimir Safatle
74	JUNG	Tito R. de A. Cavalcanti
75	O AQUECIMENTO GLOBAL	Claudio Angelo
76	MELANIE KLEIN	Luís Claudio Figueiredo e Elisa Maria de Ulhôa Cintra

Este livro foi composto nas fontes
Bembo e Geometr 415 e impresso em
agosto de 2008 em CTP pela Corprint,
sobre papel offset 90 g/m².